企业危机管理与法律谈判

高慧 著

知识产权出版社
全国百佳图书出版单位
—北京—

图书在版编目（CIP）数据

企业危机管理与法律谈判 / 高慧著 . — 北京：知识产权出版社，2023.3
ISBN 978-7-5130-8418-5

Ⅰ. ①企… Ⅱ. ①高… Ⅲ. ①企业危机—企业管理—研究 ②企业管理—法律—谈判学—研究 Ⅳ. ①F272 ②D90-055

中国版本图书馆 CIP 数据核字（2022）第 197498 号

策划编辑：李新承　　　　　责任校对：谷　洋
责任编辑：张琪惠　　　　　责任印制：刘译文
封面设计：乔智炜

企业危机管理与法律谈判

高　慧　著

出版发行：知识产权出版社有限责任公司	网　　址：http://www.ipph.cn
社　　址：北京市海淀区气象路 50 号院	邮　　编：100081
责编电话：010-82000860 转 8782	责编邮箱：963810650@qq.com
发行电话：010-82000860 转 8101/8102	发行传真：010-82000893/82005070/82000270
印　　刷：三河市国英印务有限公司	经　　销：新华书店、各大网上书店及相关专业书店
开　　本：880mm×1230mm　1/32	印　　张：4.25
版　　次：2023 年 3 月第 1 版	印　　次：2023 年 3 月第 1 次印刷
字　　数：60 千字	定　　价：68.00 元
ISBN 978-7-5130-8418-5	

出版权专有　侵权必究
如有印装质量问题，本社负责调换。

序

人在一生当中，都会遇到一些或大或小需要处理的危机，有的人遇到危机，方寸大乱、不知所措，有的人遇到危机，泰然处之、从容应对。

古希腊数学家、哲学家毕达哥拉斯说："数是世界的本原。"人类沿着世界的本原一路进入互联网社会、数字社会、智能社会。但是，人的天赋是有差异的，人的运气和能力也是有差异的。凡经商之道，得以通过谈判得到想要的，需从自身的危机发现纠偏的机会，从环境的危机中发现突破界限的机会。

我们把所处的世界称为VUCA时代，世界的变化以一种volatility（易变性）、uncertainty（不确定性）、complexity（复杂性）、ambiguity（模糊性）呈现在我们面前。在混沌的社会中，需直面"灰犀牛"、"黑天鹅"、明斯基时刻、非典疫情、新冠肺炎疫情等种种危机。

世界就是如此,既跌宕起伏,又奥妙无穷。从处理危机的角度看丘吉尔,可谓"他山之石,可以攻玉"。

"Never waste a good crisis"让我们领略了这位才华横溢的老人的智慧,他在电影《至暗时刻》(*Darkest Hour*)中竖起 V 字手势告诉我们:"A pessimist sees the difficulty in every opportunity; an optimist sees the opportunity in every difficulty。"

投资大师巴菲特在给股东的信中写道:"当大跌来临时,就给那些没有债务缠身的人提供了非同寻常的机会。"

《礼记·大学》有云:"知止而后有定,定而后能静,静而后能安,安而后能虑,虑而后能得。"[1]

凡此种种,皆异曲同工,是为记,开启吾智。

最后,正如著名骨科专家、中国工程院院士戴克戎所说:"人生就是寻路、认路、赶路、带路、让路

---

[1] 《礼记》,胡平生、张萌译注,中华书局 2017 年版。

的过程。"对于事件的参与者，无论是危机处理专家，还是谈判专家，需保持定力，努力感悟《华盛顿邮报》评选出的世界十大奢侈品之真谛：

1. 生命的觉悟。

2. 一颗自由、喜悦与充满爱的心。

3. 走遍天下的气魄。

4. 回归自然，有与大自然连接的能力。

5. 安稳而平和的睡眠。

6. 享受真正属于自己的空间与时间。

7. 彼此深爱的灵魂伴侣。

8. 任何时候都有真正懂你的人。

9. 身体健康，内心富有。

10. 能感染他人，并点燃他人的希望。

2022 年于上海

目录

第一章　危机管理的道与术

第一篇　大禹治水的"疏"与其父鲧治水的"堵" ········ 003

第二篇　得黄金百，不如得季布一诺 ················ 005

第三篇　信用只能用一次 ······················ 008

第四篇　谣言止于法律 ······················· 011

第五篇　临危不惧，变则通 ····················· 016

第六篇　新城控股创始人的危机劫 ·················· 019

第七篇　海底捞的两次危机劫 ···················· 027

第八篇　企业家讲真话与道歉的艺术 ················· 039

第九篇　舆情引导的黄金4小时法则 ················· 046

第二章 法律谈判的道与术

第一篇　谈判的基本要义……………………………… 053

第二篇　谈判的困惑…………………………………… 057

第三篇　谈判的道……………………………………… 060

第四篇　孙子兵法与谈判范例………………………… 065

第五篇　福克斯的谈判心理学………………………… 074

第六篇　斯图尔特·戴蒙德的谈判准则……………… 081

第七篇　谈判者的性格类型与托马斯解决冲突二维模式… 093

第八篇　谈判的 APRAM 模式 ………………………… 097

第九篇　谈判礼仪……………………………………… 102

第十篇　谈判风格……………………………………… 108

第十一篇　合同谈判…………………………………… 112

第十二篇　古人谈判的智慧——评《韩非子·说难》…… 117

第十三篇　CEO 的危机劫——评英国石油公司漏油事件的危机管理…………………………… 122

第十四篇　任正非先生的危机管理哲学……………… 125

chapter
01
第一章

危机管理的道与术

第一篇

大禹治水的"疏"与其父鲧治水的"堵"

《史记·夏本纪》和《山海经》记载了大禹及其父鲧面对洪水滔天的民生危机,一个通过"疏"的方式治水,一个通过"堵"的方式治水。

……禹伤先人父鲧功之不成受诛,乃劳身焦思,居外十三年,过家门不敢入。……道九山……道九川……于是九州攸同,四奥既居,九山刊旅,九川涤原,九泽既陂,四海会同。[1]

面对"鸿水滔天,浩浩怀山襄陵,下民其忧"的生存危机,鲧用"筑堤坝以堵"的方式治水,结果治

---

[1]〔汉〕司马迁:《史记》,中华书局2006年版。

理了九年也未成功。禹一改父亲鲧的治水思路,"行山表木,定高山大川"开通了九条山脉的道路,疏导了九条大河,九州得以统一。

所以,思路不同,出路不同。疏导是解决问题的根本出路,堵截只能是死路一条。无论是政府处理信任危机事件,还是红十字会处理信任危机事件,善良公民的言论自由是堵不住的,疏导、透明、公开才是处理危机的唯一出路。

因此,当真相被封堵,谣言就会四处扩散。善良的公民宁愿选择相信谣言,也不会相信无诚信的政府。

真相是扼杀一切谣言的"药剂"。谎言是谣言的宿主,一旦被刺破,就会四散传播。

第二篇

得黄金百，不如得季布一诺

《史记·季布栾布列传》记载："季布者，楚人也。为气任侠，有名於楚。项籍使将兵，数窘汉王。及项羽灭，高祖购求布千金，敢有舍匿，罪及三族。"

根据史书记载，在汉高祖刘邦赢得天下后，那些曾经跟随他打天下的大将几乎没有逃过《史记·越王勾践世家》所述的"蜚鸟尽，良弓藏；狡兔死，走狗烹"的命运。

为何败军之将季布得以全身而退。根据《史记·季布栾布列传》记载，凭的是"得黄金百，不如得季布一诺"的信誉招牌。

楚人曹丘生，辩士，数招权顾金钱。事贵人赵同等，与窦长君善。季布闻之，寄书谏窦长君曰："吾闻曹丘生非长者，勿与通。"及曹丘生归，欲得书请季布。窦长君曰："季将军不说足下，足下无往。"固请书，遂行。使人先发书，季布果大怒，待曹丘。曹丘至，即揖季布曰："楚人谚曰'得黄金百，不如得季布一诺'，足下何以得此声於梁楚间哉？且仆楚人，足下亦楚人也。仆游扬足下之名於天下，顾不重邪？何足下距仆之深也！"季布乃大说，引入，留数月，为上客，厚送之。季布名所以益闻者，曹丘扬之也。[1]

覆巢之下无完卵。季布一诺千金全身而退。而孔融幼有异才，负有高气，志在靖难，但才疏意广，迄无成功。终因祸从口出，遭曹操所杀。

《后汉书·郑孔荀列传》记载了孔融九岁儿子所悟"覆巢之下，岂有安卵"。

---

[1]〔汉〕司马迁：《史记》，中华书局2006年版。

初，女年七岁，男年九岁，以其幼弱得全，寄它舍。二子方弈棋，融被收而不动。左右曰："父执而不起，何也？"答曰："安有巢毁而卵不破乎！"主人有遗肉汁，男渴而饮之。女曰："今日之祸，岂得久活，何赖知肉味乎？"兄号泣而止。或言于曹操，遂尽杀之。及收至，谓兄曰："若死者有知，得见父母，岂非至愿！"乃延颈就刑，颜色不变，莫不伤之。[1]

可谓，没有季布一诺千金的品格，何以转变"覆巢之下，岂有安卵"的危机。

---

[1]〔宋〕范晔撰：《后汉书》，中华书局 2007 年版。

第三篇

信用只能用一次

《郁离子》记载了一则"向许百金，而今予十金"商人失信殒命的典故。

济阴之贾人，渡河而亡其舟，栖于浮苴之上，号焉。有渔者以舟往救之，未至，贾人急号曰："我济上之巨室也，能救我，予尔百金。"渔者载而升诸陆，则予十金。渔者曰："向许百金，而今予十金，无乃不可乎！"贾人勃然作色曰："若渔者也，一日之获几何，而骤得十金犹为不足乎？"渔者黯然而退。他日，贾人浮吕梁而下，舟薄于石又覆，而渔者在焉。人曰：

第一章 危机管理的道与术

"盍救诸？"渔者曰："是许金而不酬者也。"舣而观之，遂没。郁离子曰："或称贾人重财轻命，始吾或不信，而今知有之矣。张子房谓汉王曰：'秦将贾人子，可啖也。'抑所谓习与性成者与！此陶朱公之长子所以死其弟也。孟子曰：'故术不可不慎也。'信哉！"好禽谏。[1]

所谓，一次失信，一命呜呼。信用不仅是经商之根本，而且在善良人看来，信用不是允诺十金、百金的问题，而是比命还贵重的品格问题。

明代著名的科学家宋应星在其鸿篇巨制《天工开物》之"野议·盐政议"中论述："商之有本者，大抵属秦、晋与徽郡三方之人。"

秦商、晋商、徽商为什么成为一派，其根本原因在于一个"诚"字。"诚"是经商的金字招牌。所谓："斯商：不以见利为利，以诚为利；斯业：不以富贵为贵，以和为贵；斯买：不以压价为价，以衡为价；斯卖：不以赚赢为赢，以信为赢；斯货：不以奇货为

---

[1] 〔明〕刘基撰：《郁离子》，上海古籍出版社1981年版。

货,以需为货;斯财:不以敛财为财,以均为财;斯诺:不以应答为答,以真为答。"

正是因为秦商、晋商、徽商以"诚"为本,才能够真正做到"货通天下"。

第四篇

谣言止于法律

梁启超先生在《李鸿章传》中评论道：

天下惟庸人无咎无誉。举天下人而恶之，斯可谓非常之奸雄矣乎。举天下人而誉之，斯可谓非常之豪杰矣乎。虽然，天下人云者，常人居其千百，而非常人不得其一，以常人而论非常人，乌见其可？故誉满天下，未必不为乡愿；谤满天下，未必不为伟人。[1]

常言道：谣言止于智者。但是，善良公民常有，

---

[1] 梁启超:《李鸿章传》，海南出版社2009年版。

而智者不常有。从古至今，因谣言毁誉参半的历史人物和事件不胜枚举。

《吕氏春秋·察传》记载了一则故事，春秋时期宋国一户人家挖了一空井，这家人便说挖一口井省了一个人力，这件事最后传成挖井挖出一个大活人。

宋之丁氏家无井，而出溉汲，常一人居外。及其家穿井，告人曰："吾穿井得一人。"有闻而传之者曰："丁氏穿井得一人。"国人道之，闻之于宋君。宋君令人问之于丁氏，丁氏对曰："得一人之使，非得一人于井中也。"[1]

《吕氏春秋·察传》这样一部先秦时期的巨著专门记载一件有关谣言的事件，可见谣言的危害多么大。

纵观我们熟知的孔子思想语录《论语》，几千年斗转星移，传下来的未必就是孔子的原话。

子曰："父母在，不远游。"以西安碑林考证的原文是"父母在，不远游，游必有方"。孔子说如果男儿

---

[1] 《吕氏春秋》，陆玖译注，中华书局2011年版。

志在四方，那么一定要告知父母。

子曰："三人行，必有我师焉。"以西安碑林考证的原文是"三人行，必得我师焉，择其善者而从之，其不善者而改之"，一个"有"和"得"的细微区别。我们再仔细揣摩孔子这句名言，可能表达的意思大不一样。因此，即便是圣人之言，经过不同的人，不同的年代传诵，也会出现不同的版本，何况谣言。

互联网不是法外之地，对于出现的谣言和竞争对手的恶意中伤行为，要勇于拿起法律武器。

法律最大的作用在于威慑。一旦判定一件危机起源于谣言，首先应当正面回应，其次是授权律师出具法律声明。

对于恶意中伤，尤其是竞争对手的恶意诽谤，应该当机立断，启动法律制裁程序，咨询律师该等行为是否构成诽谤罪或寻衅滋事罪。一般地，诽谤罪不告不理，因此，必须聘请专业的刑事律师进行缜密的调查取证，制订一击即中的方案。

根据《最高人民法院、最高人民检察院关于办理利用信息网络实施诽谤等刑事案件适用法律若干问题的解释》(法释〔2013〕21号)对诽谤罪和寻衅滋事罪进行分析。

一、构成诽谤罪的情形

1. 捏造损害他人名誉的事实,在信息网络上散布,或者组织、指使人员在信息网络上散布的。

2. 将信息网络上涉及他人的原始信息内容篡改为损害他人名誉的事实,在信息网络上散布,或者组织、指使人员在信息网络上散布的。

3. 明知是捏造的损害他人名誉的事实,在信息网络上散布,情节恶劣的。

二、情节严重的判断标准

1. 同一诽谤信息实际被点击、浏览次数达到五千次以上,或者被转发次数达到五百次以上的。

2. 造成被害人或者其近亲属精神失常、自残、自杀等严重后果的。

3. 二年内曾因诽谤受过行政处罚,又诽谤他人的。

4. 其他情节严重的情形。

三、严重危害社会秩序和国家利益，由公安机关立案侦查，检察院提起公诉

1. 引发群体性事件的。

2. 引发公共秩序混乱的。

3. 引发民族、宗教冲突的。

4. 诽谤多人，造成恶劣社会影响的。

5. 损害国家形象，严重危害国家利益的。

6. 造成恶劣国际影响的。

7. 其他严重危害社会秩序和国家利益的情形。

四、构成寻衅滋事罪的情形

编造虚假信息，或者明知是编造的虚假信息，在信息网络上散布，或者组织、指使人员在信息网络上散布，起哄闹事，造成公共秩序严重混乱的，以寻衅滋事罪定罪处罚。

第五篇

临危不惧，变则通

《世说新语·言语》记载："钟毓、钟会少有令誉。年十三，魏文帝闻之，语其父钟繇曰：'可令二子来。'于是敕见。毓面有汗，帝曰：'卿面何以汗？'毓对曰：'战战惶惶，汗出如浆。'复问会：'卿何以不汗？'对曰：'战战栗栗，汗不敢出。'"[1]

钟毓、钟会两个少年第一次面见威严的皇帝，一般都会紧张、害怕。钟毓紧张出汗，情理之中。但是，钟会竟然没出汗，有损皇帝尊严。这个时候，钟会临

---

[1]〔南朝宋〕刘义庆：《世说新语》，山西古籍出版社2004年版。

第一章　危机管理的道与术

危不惧，一句"战战栗栗，汗不敢出"让三曹之一的文学大家魏文帝龙颜大悦。

在互联网时代，当危机来临时，尤其是面对道德谴责的危机，当事人不得不接受批判，甚至是口诛笔伐。比如新城控股创始人猥亵儿童事件，引爆舆论谴责和痛斥。作为其紧急接班人的儿子显然在那一刻也只能如公开信所说的那样惶恐、震惊和不安。王振华的儿子王晓松面临两个方面的问题：一方面，如何正面回应自己父亲触及道德底线和法律底线的虐童事件；另一方面，如何让企业和员工摆脱道德谴责的阴影，降低危机事件对公司的影响。

孔尚任在《桃花扇》里的一句唱词"眼看他起朱楼，眼看他宴宾客，眼看他楼塌了"形象地形容了新城控股创始人的处境。

笔者认为，危机管理的第一条准则是第一时间正面回应。而正面回应的核心是简短、明确、真诚。道义上诚恳致歉，法律会给予公正的裁决。

加拿大莱桥大学管理学院副教授、复旦大学管理学院 EMBA 特聘教授鲍勇剑曾说："区别危机公关和危机管理的方法之一，就在行动承诺。"他认为，一切没有行动承诺的表态，至多是漂亮的危机公关，而能够经得起检验的危机管理一般包含下面的具体行动陈述：

1. 我们已经发现的问题有……
2. 我们正采取的行动是……
3. 我们还将落实……
4. 检验上述行动的时间节点在……
5. 如果没有做到，我们承诺的惩罚为……

上述问题对应的具体行动将有助于我们检验危机管理的成效。

第六篇

新城控股创始人的危机劫

新城控股集团1993年创立于江苏常州，总部设于上海。2015年，新城控股集团在上海证券交易所上市。

2019年6月30日，新城控股创始人王振华猥亵儿童事件经媒体报道后，在网络上迅速发酵，骇人听闻，谴责之声不绝于耳。

对处于风口浪尖的房地产企业新城控股来说理应"此时无声胜有声""付诸行动才是对受害人最大的尊重"，但是，我们看到的却是人性的另一面。从新城控股《关于公司实际控制人兼董事长被刑拘事项的监管工作函》中的回复,我们可以看出公司面对创始人丑闻所采取的行动是什么。同时,从企业自救和个人救赎的角度,我们亦可以观察新城控股是如何化解这次危机的。

一、发现危机

2019年7月2日,公司现任董事长、总裁王晓松接到上海市长风新村派出所电话后,于当日23时左右前往派出所,得知公司原董事长王振华被采取强制措施。

二、确认危机

为避免内幕信息扩散,自2019年7月3日上午9时30分,王晓松逐一通知公司董事及主要高管召开紧急会议,董事袁伯银因出差未参加会议。王晓松于2019年7月3日13时至14时统一口头告知与会董事及主要高管关于王振华被采取强制措施的事宜。与会董事及主要高管建议尽快取得正式拘留通知书,以确定信息的真实准确性。

三、分解危机

2019年7月3日15时左右,王晓松接到派出所通知后前往派出所,并在领取书面拘留通知书后于16时30分左右回到公司。根据派出所于2019年7月3日出具的拘留通知书,王振华于2019年7月2日16时58分因涉嫌犯罪被刑事拘留。公司董事会自此确认董事长被刑事拘留事宜,董事会秘书陈鹏组织开展信息披露工作,并根据董事会要求准备相关信息披露材料。

四、解决危机

2019年7月3日19时20分左右,公司董事会成员吕小平、王晓松、梁志诚、陈德力、袁伯银、曹建新、Aimin Yan、陈文化共同提议召开第二届董事会第十六次会议,审议通过了《关于选举第二届董事会董事长的议案》,选举公司董事兼总裁王晓松任公司第二届董事长,任期与第二届董事会相同。根据《公司章程》规定,王晓松将行使法定代表人职权,签署董事会重要合同、重要文件及其他应由公司法定代表人签署的文件。

新城控股按照一般的上市公司处理重大事件的程序完成了一个看似合规的动作，但是离这次危机产生的风暴点却很远。我们没有看到新城控股实际控制人或者其家属在第一时间直面危局，他们忘记了本次事件最重要的受害人，此刻，他们应该想的是如何抚慰受害者的心灵，如何平息人们的愤怒，而不是先自救，以最快的速度撇清创始人和公司的关系。

直至2019年7月5日，新城控股微信公众号终于发了一篇致歉信，该致歉信本身的内容非常诚恳，但是，缺乏行动。以下是致歉信原文：

对于新城来说，2019年7月3日，无疑是一场风暴。

作为一家公众公司，首先对这场风暴中所触及的受害人、受害家庭蒙受的巨大痛苦，深感歉意与不安；对由此所引发的恶劣公共舆论影响，深感歉意与不安；对由此引发的众多新城业主和新城人的担忧与顾

第一章 危机管理的道与术

虑，深感歉意与不安；对由此带来的市场影响，深感歉意与不安；对于这场风暴的引发者居然是企业的创始人，深感惶恐、震惊与不安。

社会公义，是人类能够共生发展的底线。任何人触犯了它，都必须受到惩罚。我们和社会公众一样，认为未成年人是社会的未来，任何侵害未成年人的行为都必须接受法律严惩。新城将全力支持和配合有关部门对于此事的处置。我们相信司法会给予受害人及其家庭、社会公众一个公正的结论。

这场风暴，来得如此突然。语言的苍白，难以描述处于风暴中心的任何一名个体的内心挣扎。然而，在公义、责任与伦理面前，我们必须放下小我的情感和回避的懦弱。诚恳面对，是我们必须的态度。现在，每位新城人仍然坚守岗位，各司其职。在新任董事长王晓松的带领下，各项经营活动正常展开，确保企业的稳定发展。我们必须负重前行。

经此风暴，我们切肤体会：

获取信任如此不易！

新城没有任何捷径可走。

通向未来一途,唯有敬畏。

再次深切致歉社会各界!

新城控股集团股份有限公司[1]

本次新城控股创始人突破道德底线的事件,对企业的打击是毁灭性的。

我们完全可以理解,在发生危机的那一刻,新城控股除了震惊就是混乱,每一个人都是不知所措,诚惶诚恐。但是,企业自我救赎最好的办法就是第一时间致歉。这封致歉信,不应仅仅发布在企业的微信公众号上,还应当通过全网媒体向受害人、向愤怒的公众发布。致歉不应当只是停留在语言层面,还应当付诸行动。

但是,我们并没有在公开渠道看到新城控股后续的安抚举措,而是看到新城控股创始人聘请的律师再一次挑战公众的道德底线,看到法院公开宣判新城控股创始人王振华猥亵儿童罪成立后,公众认为判得

---

[1]《公开信》,载微信公众号"新城控股",https://mp.weixin.qq.com/s/EMGiVH3 Tjj2EN6oZLqcqJA,最后访问日期:2019年7月5日。

第一章　危机管理的道与术

太轻。

我们可以设想下，作为一家在中国房地产行业排名靠前的企业，除了让创始人退出公司，是不是还可以采取其他更多的措施，这些措施的关键是要付诸行动。

为什么不立即成立一个关爱儿童健康成长的慈善基金会呢？一般地，以善良公众的理解，作为一家排名靠前的中国房地产上市公司，首先要有社会责任感，否则基于创始人的行为，其社会形象会受到严重的损害。实际控制人可以拿出1亿元股票设立一个关爱儿童的慈善基金会，表明虽然公司的创始人犯了不可救赎的错误，但是，其行为不代表公司的意志，公司是由全体员工辛勤经营起来的，大家愿意一起承受这样的痛，帮助受害人和更多的儿童健康成长。

达特茅斯大学塔克商学院企业传播学教授保罗·阿尔真蒂2014年4月在《哈佛商业评论》上发表的一篇文章《危机公关：高管不可不知的几件事》指出：

危机公关指南第一条：企业领导者应公开承认

错误。

危机公关指南第二条：企业尽早并尽可能多跟外界进行沟通，尽快公布所有的情况。

危机公关指南第三条：企业高管需要通过媒体或其他渠道，尽可能有效、得体地从自己的立场叙述整件事情。

危机公关指南第四条：企业领导需要解释公司在将来会作出怎样的改变。

可见，"一诺千金，付诸行动"是古往今来化解危机的唯一出路。

第七篇

海底捞的两次危机劫

海底捞品牌创建于1994年，历经二十多年的发展，海底捞国际控股有限公司已经成长为国际知名的餐饮企业。

海底捞在快速扩张的过程中，曾经历过两次危机：一次是发生在2011年8月的"勾兑门事件"，另一次是发生在2017年8月的"老鼠门事件"。

海底捞处理上述两起诚信和食品安全事件的措施堪称危机管理的经典。

回溯海底捞危机处理的历程，我们不难看出，不回避问题，直面问题，接受大众批评，积极与大众对话是海底捞化解危机成功的第一步，第二步是创始人亲自出面主动承担错误，让大众对海底捞有了进一步的好感，第三步是海底捞在最短的时间内拿出了可行的解决方案。

这也是海底捞时隔6年再次出现危机，依然能够获得大众原谅的重要原因。

海底捞的危机管理堪称6S处理危机的典范。

"上午：海底捞沦陷，下午：海底捞逆袭"成为危机管理的经典案例。

第一条：承担责任原则（Shoulder）

第二条：真诚沟通原则（Sincerity）

第三条：速度第一原则（Speed）

第四条：统筹决策原则（System）

第五条：权威证实原则（Standard）

第六条：不要聪明原则（Smartass）

接下来，我们通过时间和事件的演进看看海底捞是怎么做到"上午：海底捞沦陷，下午：海底捞逆袭"的。

一、海底捞"勾兑门"危机事件

2011年8月22日,城市信报登了一篇《记者卧底打工海底捞 骨头汤和饮料是兑的》的文章,旋即在网上引起轩然大波。

(一)2011年8月22日《关于媒体报道事件的说明》[1]

近日媒体报道的《记者卧底打工海底捞 骨头汤和饮料是兑的》一文,反映了海底捞火锅店存在的一些问题,我们真诚感谢媒体对我们的关注和监督,诚恳地接受各界通过各种渠道和方式对我们的监督和检查。

我公司目前经营的门店近60家,基层服务人员一万余名,媒体报道中反映的一些问题确实可能在部分门店客观存在,我们感谢媒体的报道为我们指出了问题,敲响了警钟,我们会根据媒体反映的情况,全面进行整改,加强对员工的培训,提高各项操作的规范性。同时,我公司就顾客关心的食品安全问题特别

---

[1] 参见海底捞火锅官方微博,https://weibo.com/1783178343/xkE5niq7r,最后访问日期:2022年8月22日。

说明如下：

1.海底捞的白味汤锅、柠檬水及凉茶均由有合格资质证明的正规厂家给我们提供原材料，按照国家食品安全法的要求进行索证、索票，操作均符合国家相关法律、法规，各个门店按照总公司标准统一规定的配比和比例进行配制。

2.我公司按照国家添加剂公示的要求进行了公示及备案。作为一个火锅连锁企业，海底捞秉承诚信经营的理念，以提升食品质量的稳定性和安全性为前提条件，提供安全、健康的菜品。我们热情邀请和欢迎社会各界朋友参观我们的物流基地和门店后厨，对我们的各项工作进行监督和检查，帮助我们海底捞做得更好！

（二）2011年8月22日《海底捞关于食品添加剂公示备案情况的通报》[1]

国家食品药品监督管理局于2011年4月27日发

---

[1] 参见海底捞火锅官方微博，https://weibo.com/1783178343/xkEAziaCY，最后访问日期：2022年8月22日。

布食〔2011〕188号文件《关于开展严厉打击食品非法添加和滥用食品添加剂专项工作的紧急通知》后,海底捞在5月12日前根据第三条"自制火锅底料、自制饮料、自制调味料的餐饮服务单位,应当在门店醒目位置或菜单上向消费者公示使用的食品添加剂和向当地餐饮服务食品安全监管部门备案",在海底捞旗下所有门店进行了食品添加剂的公示,并于5月31日前在各地职能部门按照规定完成了食品添加剂的备案工作。北京、西安、南京等各地媒体对海底捞食品添加剂的公示情况进行了报道。

海底捞只是一个普通的连锁火锅店,多年来承蒙顾客和各界朋友的厚爱,诚惶诚恐,丝毫不敢懈怠,但因能力有限,还是或多或少存在这样或那样的问题,我们真诚地感谢社会各界的关注和监督,渴望大家通过各种方式帮我们指出问题,帮助我们成长。多年来,我们每个周末都邀请老顾客或餐饮业专家到我们物流基地、门店后厨参观指导,现在,我们随时欢迎大家的参观指导,大家可以直接联系海底捞总部统一安排。

(三）2011年8月23日《海底捞就顾客和媒体等各界关心问题的说明》[1]

海底捞真诚感谢顾客和媒体等各界朋友对我们的关心和关注。在相关报道后，大家的询问、质疑都帮助我们深刻了解我们工作中存在的不足，督促我们不断改进工作。为了提供更全面的信息，针对大家关心的几个问题，我们特别说明如下：

海底捞骨头汤不是现熬的？

海底捞公司有近六十家门店，为了达到提供给顾客的产品的稳定性和安全性，我们采用现代工业制作手段，通过产品的规模化和标准化生产以保证产品的品质，作为门店较多的火锅企业，现在规模化的生产所采用的方法已代替传统的加工模式，这与一般餐饮企业以及家庭使用的方法有较大区别。为了量化标准，

---

[1] 参见海底捞火锅官方微博，https://weibo.com/1783178343/xkMkLhZep，最后访问日期：2022年8月23日。

为了让顾客在每一家海底捞门店食用的汤底味保持一致，我们将正规生产厂家提供的浓缩骨汤进行还原。我们使用的方式、方法符合国家对食品安全的要求，请顾客放心食用。海底捞没有以任何方式宣传过骨头汤系现场熬制，如果因此造成了顾客的误解，我们深表歉意。

海底捞为什么不让员工直接回答顾客询问？

由于我们一万多名员工水平参差不齐，对于顾客的询问可能回复不一。为了避免因此造成的误解，我们于2011年1月在门店吧台准备了相对齐全的菜品材料及资质证件，并统一培训员工不直接回复顾客对于食品问题的询问，而是在顾客询问时提供给顾客查阅，以便顾客获得相对全面和详尽的信息。我们欢迎顾客和媒体等各界朋友在各门店参阅我们在吧台准备的菜品介绍材料，监督、指导我们的工作。

我们诚恳地邀请和欢迎各界朋友对我们工作的指导和监督，您的任何问题都将帮助海底捞做得更好！海底捞再次真诚地感谢大家！

（四）2011年8月23日海底捞创始人张勇发微博回应[1]

菜品不称重、偷吃等根源在于流程落实不到位，我还要难过地告诉大家我从未真正杜绝这些现象。责任在管理不在青岛店，我不会因此次危机追查责任，我已派心理辅导师到青岛以防该店员工压力太大。对饮料和白味汤底的合法性我给予充分保证，虽不敢承诺每一个单元的农产品都先检验再上桌，但责任一定该我承担。

二、海底捞"老鼠门"危机事件

2017年8月25日，《法制晚报》登了一篇《记者历时4个月暗访海底捞：老鼠爬进食品柜 火锅漏勺掏下水道》的文章，再一次将海底捞推上了风口浪尖。网络一片谴责，但是，四个小时后……人们真的不淡定了。

---

[1] 参见张勇微博，https://m.weibo.cn/1735991301/3349652753753910，最后访问日期：2022年8月23日。

第一章 危机管理的道与术

（一）2017 年 8 月 25 日《关于海底捞火锅北京劲松店、太阳宫店事件的致歉信》[1]

今天有媒体报道我公司北京劲松店、北京太阳宫店后厨出现老鼠、餐具清洗、使用及下水道疏通等存在卫生安全隐患等问题。经公司调查，认为媒体报道中披露的问题属实。卫生问题，是我们最关注的事情，每个月公司也都会处理类似的食品卫生安全事件，该类事件的处理结果也会公告于众。无论如何，对于此类事件的发生，我们十分愧疚，在此向各位顾客朋友表示诚挚的歉意。

各位顾客及媒体朋友可以通过海底捞官方网站（www.haidilao.com）上的"关于我们—食品安全—公告信息"或海底捞微信公众号（ID：haidilaohotpot）"更多—关于我们—食品安全—管理公告"查询我们以往对于该类事件的处理结果。

这次海底捞出现老鼠，以及暴露出来的其他在卫

---

[1] 参见海底捞火锅官方微博，https://weibo.com/1783178343/FiJofBklQ，最后访问日期：2022 年 8 月 25 日。

生清洁方面的问题，都让我们感到非常难过和痛心，今天，媒体朋友也为我们提供了照片，这让我们十分惭愧和自责，我们感谢媒体和顾客帮助我们发现了这些问题。

我们感谢媒体和公众对于海底捞火锅的监督并指出了我们工作上的漏洞，这暴露出了我们的管理出现了问题。我们愿意承担相应的经济责任和法律责任，但我们有信心尽快杜绝这些问题的发生。我们也已经布置在海底捞所有门店进行整改，并会后续公开发出整改方案，也希望所有的媒体和支持海底捞的顾客监督我们的工作。

再次感谢社会各界对海底捞的关心与监督。

（二）2017 年 8 月 25 日《关于海底捞火锅北京劲松店、北京太阳宫店事件处理通报》[1]

海底捞各门店：

今天有媒体报道我公司北京劲松店、北京太阳宫

---

[1] 参见海底捞火锅官方微博，https://weibo.com/1783178343/FiKn5xx5X，最后访问日期：2022 年 8 月 25 日。

店后厨出现老鼠、餐具清洗、使用及下水道疏通等存在卫生隐患等问题。经公司调查,认为媒体报道中披露的问题属实。

公司决定采取以下措施:

1.北京劲松店、北京太阳宫店主动停业整改、全面彻查;并聘请第三方公司,对下水道、屋顶等各个卫生死角排查除鼠;责任人:公司副总经理谢英。

2.组织所有门店立即排查,避免类似情况发生;主动向政府主管部门汇报事情经过及处理建议;积极配合政府部门监管要求,开展阳光餐饮工作,做到明厨亮灶,信息化、可视化,对现有监控设备进行硬件升级,实现网络化监控;责任人:公司总经理杨小丽。

3.欢迎顾客、媒体朋友和管理部门前往海底捞门店检查监督,并对我们的工作提出修改意见;责任人:公司副总经理杨斌;联系电话:4009107107。

4.迅速与我们合作的第三方虫害治理公司从新技术的运用,以及门店设计等方向研究整改措施;责任人:公司董事施水宏。

5.海外门店依据当地法律法规，同步进行严查整改；责任人：公司董事苟轶群、袁华强。

6.涉事停业的两家门店的干部和职工无须恐慌，你们只需按照制度要求进行整改并承担相应的责任。该类事情的发生，更多的是公司深层次的管理问题，主要责任由公司董事会承担。

7.各门店在此次整改活动中，应依据所在国家、地区的法律法规，以及公司相关规定进行整改。

加拿大莱桥大学管理学院副教授、复旦大学管理学院EMBA特聘教授鲍勇剑认为，从海底捞的致歉信和处理通报中，看到了每一位利益相关者的身影。

显然，危机处理的核心是让利益相关者得到他们想要得到的，或者说将有限的资源充分给予那些最直接的利益相关者，让他们帮助你说话。

第八篇

企业家讲真话与道歉的艺术

中国的商业文明传承了一种思想叫"穷则独善其身，达则兼济天下"。千百年来，我们都希望自己是这样的人，也希望周围的人也是这样的人。

胡适先生讲"功成不必在我"。但是，我们的社会进入互联网时代后，开始重构这个社会价值体系。在互联网时代，人际交往发生了根本性变化，这不是一对一或者一对多的直接冲突，而是一对多的非接触、非理性冲突。

但是，很多企业家是明知山有虎，偏向虎山行。因为企业家是一个不服输的群体，是一个倔强的群体。如何将企业家的个人言行和他所代表的企业隔离是互联网时代大企业的一个难题。失败的企业都是相似的，成功的企业则各有各的不同。企业家总是希望将自己的成功以及对这个世界的看法讲给他人听。对企业治理来说，必须考虑企业家身份以及他的言行和企业社会责任的关系问题。

因此，互联网时代，企业不仅要规范治理结构，还需要做好企业家的治理。

电影《中国合伙人》的原型之一新东方创始人俞敏洪先生是一个爱讲真话，对教育有真知灼见的企业家。但是，面对互联网时代的沟通对话，常常引发全网的讨伐和批评，缺少了那么一点点食人间烟火的智慧。

我们不妨回顾下他在"2018学习力大会"演讲中抛出了一个什么样的观点？

衡量和评价的方向，决定了教育的方向。而不是说，写了一本书或者是写了一个核心素养，大家去读，就能改变教育的方向的。举个简单例子，如果中国所有的女生找男人的标准，都是这个男人会背唐诗宋词，那全中国所有的男人都会把唐诗宋词背得滚瓜烂熟。如果说所有的女生都说，中国男人就是要他赚钱，至于说他良心好不好我不管，那所有的中国男人都会变成良心不好但是赚钱很多的男人。这正是中国现代女生挑选男人的标准。所以实际上，一个国家到底好不好，我们常常说在女性，就是因为这个原因。现在中国是因为女性的堕落导致了整个国家的堕落。

就是因为这句"现在中国是因为女性的堕落导致了整个国家的堕落"引发了全网对俞敏洪歧视女性的批判，随后俞敏洪通过微博就其演讲进行道歉并进一步阐述了自己想表达的关于女性教育的观点（图1）。但是，事与愿违，他的这个道歉信被广大网友解读为缺乏诚意的辩解，危机进一步深化，后来俞敏洪再没有发声，而此次危机也随着时间的推移被慢慢淡化。

同样是企业家道歉，有时候效果却大相径庭。国内生鲜配送领域互联网巨头盒马鲜生2018年被媒体曝出上海大宁店工作人员撕下了前几日的生鲜产品标

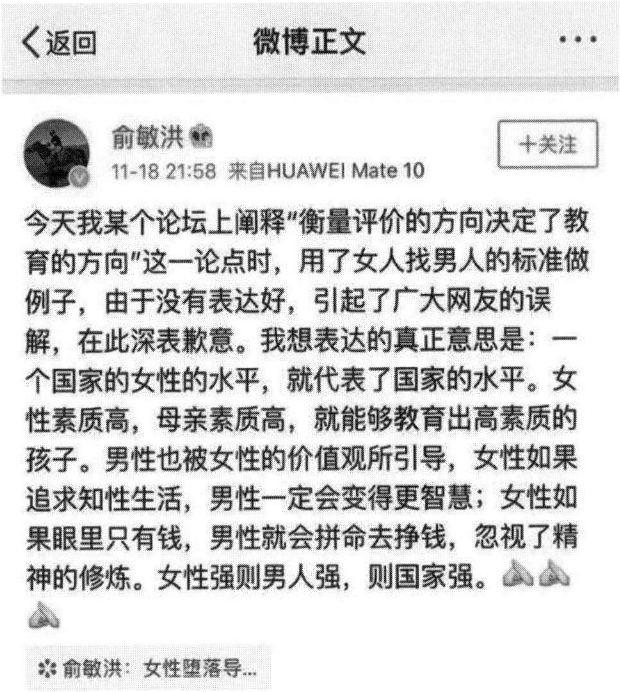

> 返回　　　　微博正文　　　　　…

俞敏洪
11-18 21:58 来自HUAWEI Mate 10

＋关注

今天我某个论坛上阐释"衡量评价的方向决定了教育的方向"这一论点时，用了女人找男人的标准做例子，由于没有表达好，引起了广大网友的误解，在此深表歉意。我想表达的真正意思是：一个国家的女性的水平，就代表了国家的水平。女性素质高，母亲素质高，就能够教育出高素质的孩子。男性也被女性的价值观所引导，女性如果追求知性生活，男性一定会变得更智慧；女性如果眼里只有钱，男性就会拼命去挣钱，忽视了精神的修炼。女性强则男人强，则国家强。🙏🙏🙏

✻ 俞敏洪：女性堕落导…

图1　俞敏洪在微博上发表的道歉信

签，换成了当日标签事件。食品安全无小事，面对"标签门"事件，盒马鲜生CEO侯毅经过舆论猛烈批评之后在微博上发了一篇道歉信（图2），因为这封道歉信非常诚恳，补救措施到位，赢得了大多数网友的谅解。

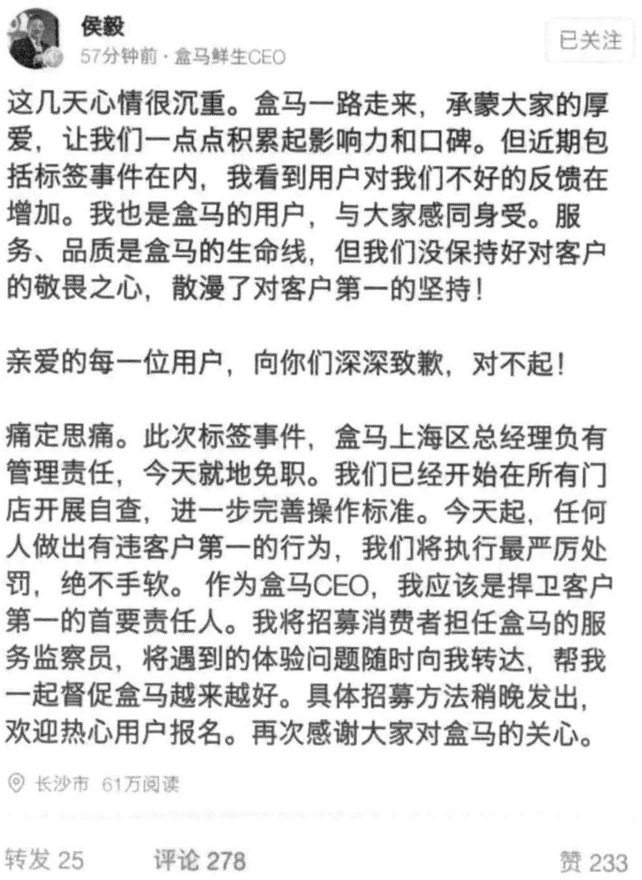

第一章 危机管理的道与术 01

> **侯毅**
> 57分钟前 · 盒马鲜生CEO   已关注
>
> 这几天心情很沉重。盒马一路走来，承蒙大家的厚爱，让我们一点点积累起影响力和口碑。但近期包括标签事件在内，我看到用户对我们不好的反馈在增加。我也是盒马的用户，与大家感同身受。服务、品质是盒马的生命线，但我们没保持好对客户的敬畏之心，散漫了对客户第一的坚持！
>
> 亲爱的每一位用户，向你们深深致歉，对不起！
>
> 痛定思痛。此次标签事件，盒马上海区总经理负有管理责任，今天就地免职。我们已经开始在所有门店开展自查，进一步完善操作标准。今天起，任何人做出有违客户第一的行为，我们将执行最严厉处罚，绝不手软。作为盒马CEO，我应该是捍卫客户第一的首要责任人。我将招募消费者担任盒马的服务监察员，将遇到的体验问题随时向我转达，帮我一起督促盒马越来越好。具体招募方法稍晚发出，欢迎热心用户报名。再次感谢大家对盒马的关心。
>
> ⊙ 长沙市 61万阅读
>
> 转发 25   评论 278   赞 233

图 2　盒马鲜生 CEO 在微博上发表的道歉信

为什么会出现这样的情况，一名企业家仅仅因为演讲时发表的教育观点就引火烧身，而另一名企业家

第八篇　企业家讲真话与道歉的艺术　043

因为自己企业造假，引发食品安全问题，却能通过一个诚恳的道歉获得谅解？

我们不妨从道歉的艺术说起：

美国学者盖瑞·查普曼（Gary Chapman）和詹妮弗·托马斯（Jennifer Thomas）在其合著的《道歉的五种语言》中归纳了道歉必须具备的五大要素[1]：

第一要素：表达歉意

第二要素：承认过错

第三要素：弥补过失

第四要素：真诚悔改

第五要素：请求饶恕

我们仔细研究俞敏洪先生和侯毅先生的道歉信，不难发现，侯毅先生的道歉信几乎是按照《道歉的五种语言》五要素展开的，不多不少，恰到好处。当然，我们只能说侯毅先生是因为自己企业犯了错，必须这

---

[1] ［美］盖瑞·查普曼（Gary Chapman）、詹妮弗·托马斯（Jennifer Thomas）：《道歉的五种语言》，吕海霞译，中国电影出版社2017年版。

么做。俞敏洪是因个人演讲，祸从口出，背景不一样。但是从道歉的艺术角度分析，俞敏洪不妨按照《道歉的五种语言》道歉，不做任何解释，因为此时此刻，任何解释都会被理解为一种辩解。

因而，比较好的处理方式应该是俞敏洪先生可以在这件事降温后，或者诚恳道歉后，再择时机发一篇赞誉女性的文章，正确表达自己的观点。

第九篇

舆情引导的黄金 4 小时法则

活得像个圣人,很累,食人间烟火才是本我。任何危机,以食人间烟火的方式处理,没有过不去的坎。

为什么只有小米加步枪的红军可以战胜强大的国军?不仅是因为红军宣传做得好,更重要的是红军面对危机的黄金法则是直击痛点"打土豪,分田地"。

任何人或组织都有"打盹儿"的时候。危机一旦爆发,有三个特性:一是具有"突发性",二是"对个人、对组织形成困扰和威胁",三是"反应和决策时间短"。

第一章 危机管理的道与术

一般地，危机最先会在互联网开始传播，网络媒体的深度调查或者自媒体的自由发挥，往往成为危机产生的导火索。其最主要的途径包括官方媒体及其自身的网络平台、微信群、微信朋友圈、微博大V、今日头条等。

一天中的上午8点至9点和下午的6点至7点是人们使用手机刷朋友圈和微博的高峰时期，所以，危机管理也需要结合危机爆发的时间点和危机本身的特殊性和价值取向来处理。

要想管控好企业，首先要有一个可以执行的舆情处置流程。企业一旦发生危机事件，通过流程控制，临危不乱，对症下药，形成决策。为此，我们总结了当下企业处理危机的一般流程（图3）。

企业在正常经营过程中，无论是出于自身原因还是外界的不确定性因素，或多或少都会遇到以下一些危机。

1. 企业被恶意不实报道指责违背政策、触犯法律法规、违背公序良俗，或者对企业创始人的行为产生误解，故意制造舆论。

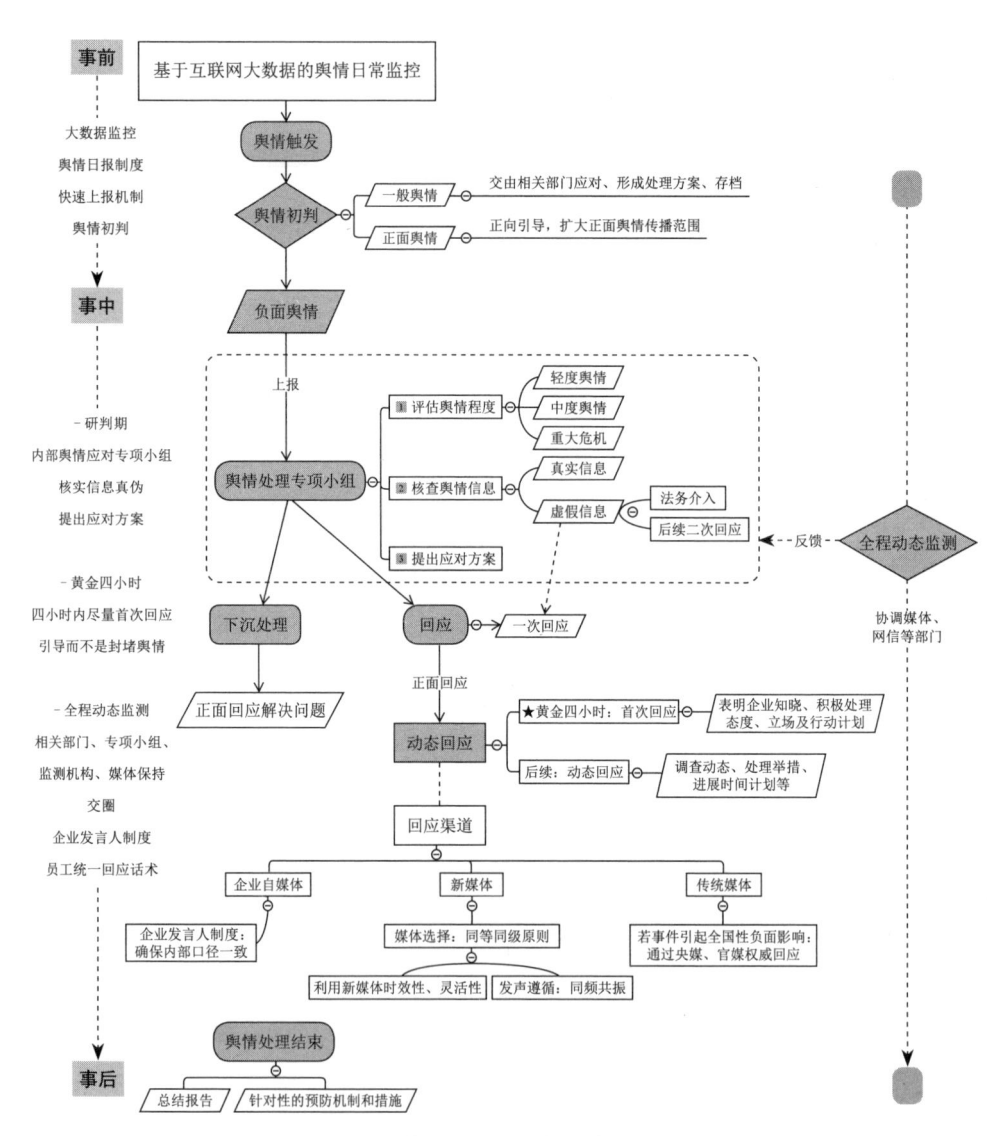

图3 当下企业处理危机的一般流程

第一章　危机管理的道与术

2.竞争对手通过水军恶意捏造不实信息或针对企业存在的小问题煽风点火，制造混乱，对企业品牌、产品进行恶意攻击。

3.客户无理索赔或者拒绝协商，不合理敲诈等，处理不当后，引发恶意投诉，发布不实信息、言论。

4.在职或离职人员发布有关企业的不实信息，对企业进行名誉、商誉侵扰。

危机爆发的不确定性和互联网传播的裂变性，使企业作出反应处置危机的时间非常短。一般地，危机在白天可能形成裂变传播的时间大概只有4个小时。因此，一旦舆情发生，我们能做的是：

1个小时内：发现危机

互联网时代，舆情的爆发呈现出裂变式扩散形态，企业要想第一时间处理好舆情危机，就必须将制订舆情预警方案作为企业的一项常态化工作。在企业的总裁办公会议上应当定期呈现舆情报告或者重大事件舆情处置预案，舆情处置预案要进行演练，做到精准监测、精准预测、精准防控，要在1个小时内精准发现舆情的着火点。

2个小时内：确认危机

企业一旦发生舆情危机，应当立即启动应急预案，第一时间开会沟通，第一，做好内部保密工作，第二，立即评估舆情对企业可能产生的影响，第三，立即评估舆情发生的关键源头，完成关键事实的调查，第四，同步做好外部沟通，释放歉意和善意，表明立场。

3个小时内：分解危机

无论是企业内部还是企业外部，当确认危机发生后，公关团队必须沉着冷静地开始有序分解危机，这种分解在于迅速找到产生危机的最根本的利益关系，或者矛盾焦点，明确解决危机需要付出什么代价。如果不想付出代价是否有替代方案。

4个小时内：解决危机

如果团队已经完成了危机的确认和分解，接下来就是解决危机，解决危机的一个根本原则就是还原事实本来的面貌，让程序说话，让过程说话，让利益相关者说话，真诚道歉，不要有所保留。

chapter
02
第二章

法律谈判的道与术

第二章　法律谈判的道与术

第一篇

谈判的基本要义

汉史学家司马迁在《史记》第 129 章"货殖列传"中最早记载了"天下熙熙皆为利来,天下攘攘皆为利往"的商业史实。

美国著名的思想家、政治家、文学家、社会活动家本杰明·富兰克林在其所著《穷理查年鉴——财富之路》(*Poor Richard's Almanack*)中记载了美国拓荒时代的著名箴言:"如果你想要说服别人,要诉诸利益,而非诉诸理性。"

可见,谈判是一种利益交换,古今中外,皆如此。在现代商业中,谈判的本质是一场追求帕累托最优[1]（Pareto Optimality）或者帕累托改进[2]（Pareto Improvement）的博弈。

《孙子兵法》曰："兵者，国之大事，死生之地，存亡之道，不可不察也。"现代商业，波谲云诡，谈判亦如此，不可不察。所谓"知彼知己者，百战不殆；不知彼而知己，一胜一负；不知彼，不知己，每战必殆"。唯有此，才能达到谈判的最高境界"不战而屈人之兵"[3]。

《史记·孙子吴起列传》记载了齐国大将田忌与齐王赛马的故事，[4]田忌赛马是最早记载博弈论或者对策论的雏形。

对于商务谈判，W. 提摩西·加尔韦（W. Timothy Gallwey）认为："每一场博弈都有两个层面，一是外

---

[1] 帕累托最优，是指资源分配的一种状态，在不使任何人境况变坏的情况下，不可能再使某些人的处境变好。
[2] 帕累托改进，是指一种变化，在没有使任何人境况变坏的情况下，使得至少一个人变得更好。
[3] 《孙子兵法》，陈曦译注，中华书局2019年版。
[4] 孙子曰："今以君之下驷与彼上驷，取君上驷与彼中驷，取君中驷与彼下驷。"既驰三辈毕，而田忌一不胜而再胜，卒得王千金。

第二章　法律谈判的道与术

部博弈，一是内部博弈。外部博弈针对外部对手，意在冲破外部阻碍，达到外部目标……内部博弈……发生在心灵层面……意在打破一切阻碍外部效能的思维习惯。"[1]

既然我们认为谈判是一场博弈，那么任何一场谈判或者一场博弈都有局中人、有策略也有得失，我们就需要了解和掌握局中人、策略和得失之间的关系。

关于博弈论，我们不得不提到经济学家探讨博弈论的两个经典案例："囚徒困境"（Prisoner's dilemma）和"智猪博弈"（Pigs' pay offs）。

当两个共犯合谋入室盗窃被抓后，警察将两名犯罪嫌疑人关在不同的屋子进行审讯，警察和两名犯罪嫌疑人开始博弈，假设按照法律规定，坦白和抵赖的最终结果如表1所示，则我们发现两名犯罪嫌疑人最终可能都会选择坦白，因为这是两名犯罪嫌疑人选择的占优策略，即纳什均衡，但是这个选择策略并不是两名犯罪嫌疑人的帕累托最优。

---

[1] [美]艾莉卡·爱瑞儿·福克斯：《哈佛谈判心理学》，胡娇娇译，中国友谊出版公司2014年版。

表1　囚徒困境博弈结果

A/B	坦　白	抵　赖
坦　白	8, 8	0, 10
抵　赖	10, 0	1, 1

一个猪圈，有一大一小两只猪，只有一个猪食槽子，主人将食物倒入猪食槽后大猪独占整个猪食槽，小猪只能挨饿。为此，聪明的主人在猪圈的一头设置了一个进食的踏板，大猪踩踏板，小猪先进食，或者小猪踩踏板，大猪先进食，或者双方都不去踩踏板，两头猪一起挨饿。大猪和小猪各自踩踏板出来的猪食量是不一样的，其博弈的结果如表2所示。可以看出，聪明的小猪选择等待是其占优策略。

表2　智猪博弈结果

大猪/小猪	行　动	等　待
行　动	5, 1	4, 4
等　待	9, -1	0, 0

可见，谈判是一种利益交换，是一种追求帕累托最优或者帕累托改进的利益交换。但是，正是由于有了谈判，商业竞争可以转化为商业合作，市场参与者才能通过谈判找到合作的纳什均衡点。

第二篇

谈判的困惑

一场成功的谈判一定有一个成功的主谈人。因此，企业在谈判中如何安排主谈人至关重要。

鸿门宴中刘邦靠的就是选对了张良和樊哙这两个主谈人，才能虎口脱险。一个好的主谈人，既能运筹帷幄，决胜千里之外，也能不卑不亢，游刃有余，纵横捭阖。

子曰："君子有九思：视思明，听思聪，色思温，貌思恭，言思忠，事思敬，疑思问，忿思难，见得思义。"[1]

---

[1]《论语》，张燕婴译注，中华书局2006年版。

因此,一个好的主谈人,要具备九思的能力。不过,很多时候,都是企业家自己作为主谈人出现在谈判桌上,此时,只能借助团队成员配合或者借助外部力量如律师或者谈判专家来进行有效谈判。《哈佛谈判心理学》一书作者福克斯教授总结了主谈人在谈判中总是会表现出的一些影响谈判控场的情形:

1. 你是不是一次又一次在那些火药味爆发的时刻无法保持冷静?

2. 你有没有过本来打算听从你搭档的意见,但最后发现自己大喊大叫,或者干脆就转身离开了?

3. 你有没有本来打算与他人好好合作,但后来因为固执己见而使谈判僵持不下?

4. 你有没有在想要保持冷静的时候,却表现得充满抵触情绪,暴躁不安?

5. 你有没有在本打算说"不"的时候,还是说了"行"?

6. 你有没有在想要阐明观点或表明立场的时候,却闭嘴不言静静地坐着?

第二章　法律谈判的道与术

7.你有没有曾经试图想要打破所有人对你的看法，但在关键时刻却依旧觉得太害怕或是担心自己无法承担起"责任"的重担，从而最终放弃了冒险的尝试？

8.你是否曾经感觉到你的激情和生活的目标背道而驰呢？[1]

可见，在任何商业场合，即便是身经百战的企业家或者谈判专家也难免会出现福克斯教授所讲的现实反应与理想反应的差距。

---

[1]〔美〕艾莉卡·爱瑞儿·福克斯：《哈佛谈判心理学》，胡娇娇译，中国友谊出版公司2014年版。

第三篇

谈判的道

一、契约精神

谈判的第一要义是遵守契约精神。

美国著名法学家博登海默先生认为:"法律是人类最大的发明,别的发明使人类学会了驾驭自然,而法律使人类学会了如何驾驭自己。"

在数字经济时代、互联网时代、民法典时代,任何商业文明都是建立在契约精神上。因此,任何谈判,无论是商业还是非商业谈判,首先要建立在契约精神上。在谈判之前,首先要达成遵守契约的共识,企业在谈判之前至少要做一次谈判对手方是否具备遵守契约精神的背景调查。

二、知道自己知道

谈判的第二要义是知道自己知道。

无论任何谈判,首先要搞清楚自己所处的位置(图4),完全对等的谈判基本上是不存在的,只有正确认识自己位置的人,才能在谈判中获得与其位置相配的谈判资源。

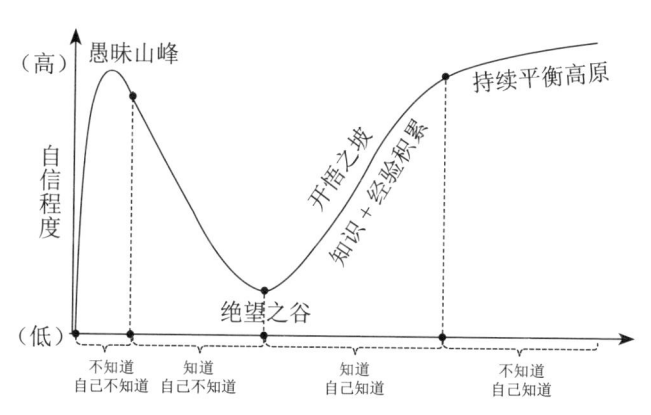

图 4　自信程度与正确认知自我的关系

三、竞争力

谈判的第三要义是竞争力。

什么是自己的竞争力，按照经济达尔文主义，古典经济学之父亚当·斯密的解释就是"实现自己目标的能力"。如果按照著名经济学家约翰·纳什的博弈论解释竞争力，就是"与他人合作实现自己目标的能力"。即行动各方协同合作时，整体利益的规模总是会越变越大，因此每一方都能分得比其孤军奋战时更多的利益。

所以在谈判中，如果知道了自己的竞争力是什么，就知道了如何将自己的竞争力变成谈判交换的资源，从而实现自己的目标或者与谈判另一方合作实现自己的目标。

四、共识力

谈判的第四要义是共识力。

参与谈判的人必须有与别人达成共识的能力。谈判就是给予别人想要的，拿回自己想要的。但是，任何谈判都有可能演变为弱肉强食，让一方谈判者处于人在屋檐下不得不低头的困境。无论哪一种场景，谈判的目标是达成共识。因此，谈判人员需要知道人与人之间的沟通有很多制约因素，单就表达一个观点希望对方理解并接受，都是一个复杂的发送信息与接收信息不对等的交互。我们提出的观点都要经过这样一个信息流，并且另一方所理解的我们表达的观点会不断弱化缩小：从我们想到的，到我们能用语言表达的，到我们说出口的，到别人理解的，最终才是我们达成的共识（图 5）。

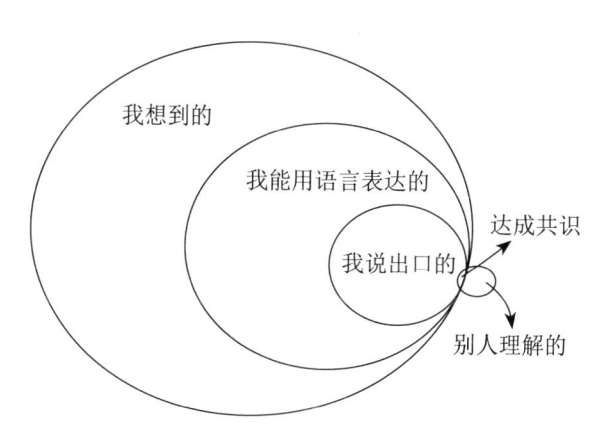

图 5　共识形成示例

五、控场能力

谈判的第五要义是控场能力。

美国社会心理学家费斯汀格提出了一个法则：生活中的10%是由发生在你身上的事情组成，而另外的90%则是由你对所发生的事情如何反应所决定。

我们知道谈判者一般包括主谈和副谈，主谈和副谈第一个重要的任务就是控场，控场要求谈判者严格围绕谈判议题展开，不要脱离谈判议题而讨论其他事项，亦不能为了某个细节争论不休。第二个重要的任务是不要让某个谈判者的情绪影响整个谈判的气氛。

六、科学方法

民国大师黄侃先生认为，所谓科学方法"一曰不忽细微，一曰善于解剖，一曰必有证据"。

因此，任何谈判必须讲究科学的方法，多方演练，做到驾轻就熟，游刃有余，方为上策。谈判中要主观感受在先，理性印证随后，主题信号清晰，辅助延展想象，逻辑表达一致，行动展示效果。大道理，小声讲；复杂的事情，生动地讲；抽象的道理，用行动讲。

第四篇

孙子兵法与谈判范例

熟读《孙子兵法》可以领悟谈判的最高境界。所谓谈判,"兵者,国之大事,死生之地,存亡之道,不可不察也"[1]。

因此,无论是企业家还是高级管理人员,都要对谈判予以足够重视,站在企业发展战略的角度看企业经营中的每一场谈判。企业家要培训企业管理人员和员工,让他们学习"不战而屈人之兵,善之善者也"的商业文化。

---

[1]《孙子兵法》,陈曦译注,中华书局2019年版。

谈判实乃企业之大事，作为主谈人，不可不察。如何才能做到不战而屈人之兵，是主谈人需要思考的战略问题。

《孙子兵法》在论述战略安排时，认为"夫未战而庙算胜者，得算多也；未战而庙算不胜者，得算少也。多算胜，少算不胜，而况于无算乎？吾以此观之，胜负见矣"[1]。因此，任何谈判都应当进行推演，制订谈判方案，论证各种可能性和各种走向，制订各种备选方案，通过SWOT分析法列出谈判各方的优势、劣势、机会、威胁，做到"知彼知己者，百战不殆"。

关于谈判的统筹安排，《孙子兵法》亦有经典论述："故经之以五事，校之以计，而索其情：一曰道，二曰天，三曰地，四曰将，五曰法。"[2]

那么什么是"道天地将法"？所谓"道者，令民与上同意也，故可以与之死，可以与之生，而不畏危。天者，阴阳、寒暑、时制也。地者，远近、险易、广狭、死生也。将者，智、信、仁、勇、严也。法者，

---

[1]《孙子兵法》，陈曦译注，中华书局2019年版。

[2]《孙子兵法》，陈曦译注，中华书局2019年版。

曲制、官道、主用也"[1]。

《孙子兵法》中为将者的"智、信、仁、勇、严"为后人所称颂。每一场谈判中主谈人就是为将者。但是为将者不仅要有"智、信、仁、勇、严",还要有战略意图,审时度势,善于运用天时地利人和的各种内外部条件。

关于谈判的术,对于时间、地利的考量,《孙子兵法》亦论述道:"三军可夺气,将军可夺心。是故朝气锐,昼气惰,暮气归。善用兵者,避其锐气,击其惰归,此治气者也。以治待乱,以静待哗,此治心者也。以近待远,以佚待劳,以饱待饥,此治力者也。"[2]

一、谈判范例——煮酒论英雄

曹操和刘备都是三国时期的谈判专家,高手过招,往往是细节和智慧的较量。

陈寿在《三国志·蜀书·先主传》中记载:"是时曹公从容谓先主曰:'今天下英雄,唯使君与操耳。本

---

[1]《孙子兵法》,陈曦译注,中华书局2019年版。

[2]《孙子兵法》,陈曦译注,中华书局2019年版。

初之徒，不足数也。'先主方食，失匕箸。"[1] 罗贯中的小说《三国演义》则将曹操、刘备"煮酒论英雄"具象化："操曰：'夫英雄者，胸怀大志，腹有良谋，有包藏宇宙之机，吞吐天地之志者也。'玄德曰：'谁能当之？'操以手指玄德，后自指，曰：'今天下英雄，惟使君与操耳！'玄德闻言，吃了一惊，手中所执匙箸，不觉落于地下。时正值天雨将至，雷声大作。玄德乃从容俯首拾箸曰：'一震之威，乃至于此。'操笑曰：'丈夫亦畏雷乎？'玄德曰：'圣人迅雷风烈必变，安得不畏？'将闻言失箸缘故，轻轻掩饰过了。操遂不疑玄德。"[2]

曹操的谈判风格是先声夺人，察言观色，而刘备的谈判风格则是此时无声胜有声，行胜于言。

二、谈判范例——毛遂自荐

毛遂因自荐一举成名。在食客三千的平原君门下想脱颖而出，谈何容易，因此，毛遂选择蛰伏三年，

---

[1]〔晋〕陈寿撰：《三国志》，〔宋〕裴松之注，中华书局2006年版。
[2] 罗贯中：《三国演义》，岳麓书社1986年版。

第二章 法律谈判的道与术

等待出鞘的机会。但是,出使楚国谈合纵绝非易事,且平原君只打算带十九个人,三千食客选十九人又谈何容易。毛遂三言两语就成功说服了平原君,靠的是什么?是谈判的术。

在平原君与楚王谈判胶着时刻,毛遂终于可以展露其谈判的才华,以一己之力,力挽狂澜,陈述利弊,直击利害,使得合纵得以成功。

《史记·平原君虞卿列传》记载道:

> 平原君曰:"先生处胜之门下几年于此矣?"毛遂曰:"三年于此矣。"平原君曰:"夫贤士之处世也,譬若锥之处囊中,其末立见。今先生处胜之门下三年于此矣,左右未有所称诵,胜未有所闻,是先生无所有也。先生不能,先生留。"毛遂曰:"臣乃今日请处囊中耳。使遂蚤得处囊中,乃颖脱而出,非特其末见而已。"平原君竟与毛遂偕……
>
> 平原君与楚合从,言其利害,日出而言之,日中不决。十九人谓毛遂曰:"先生上。"毛遂按剑历阶而上,谓平原君曰:"从之利害,两言而决耳。今日出而

言从,日中不决,何也?"楚王谓平原君曰:"客何为者也?"平原君曰:"是胜之舍人也。"楚王叱曰:"胡不下!吾乃与而君言,汝何为者也!"毛遂按剑而前曰:"王之所以叱遂者,以楚国之众也。今十步之内,王不得恃楚国之众也,王之命县于遂手。吾君在前,叱者何也?且遂闻汤以七十里之地王天下,文王以百里之壤而臣诸侯,岂其士卒众多哉,诚能据其势而奋其威。今楚地方五千里,持戟百万,此霸王之资也。以楚之强,天下弗能当。白起,小竖子耳,率数万之众,兴师以与楚战,一战而举鄢郢,再战而烧夷陵,三战而辱王之先人。此百世之怨而赵之所羞,而王弗知恶焉。合从者为楚,非为赵也。吾君在前,叱者何也?"楚王曰:"唯唯,诚若先生之言,谨奉社稷而以从。"毛遂曰:"从定乎?"楚王曰:"定矣。"毛遂谓楚王之左右曰:"取鸡狗马之血来。"[1]

三、谈判范例——鸿门宴

我们都知道鸿门宴对刘邦意味着什么,刘邦明

---

〔1〕〔汉〕司马迁:《史记》,中华书局2006年版。

第二章 法律谈判的道与术

知道鸿门宴凶多吉少,但是又不得不搏一把。他有萧何,有韩信,但他都没带,偏偏带了张良和樊哙,为什么?这就是谈判中如何挑选主谈人和团队的问题。最后,张良和樊哙果然不辱使命,成功地将刘邦带了回去。

谈判中,张良的察言观色,灵机应变,樊哙的杀伐决断,粗中有细,临危受命,不卑不亢,良将形象跃然纸上。

根据《史记》记载:

沛公旦日从百余骑来见项王,至鸿门,谢曰:"臣与将军戮力而攻秦,将军战河北,臣战河南,然不自意能先入关破秦,得复见将军于此。今者有小人之言,令将军与臣有郤。"项王曰:"此沛公左司马曹无伤言之。不然,籍何以至此?"项王即日因留沛公与饮。项王、项伯东向坐,亚父南向坐,——亚父者,范增也;沛公北向坐;张良西向侍。范增数目项王,举所佩玉玦以示之者三,项王默然不应。范增起,出,召项庄,谓曰:"君王为人不忍。若入前为寿,寿毕,请以剑舞，因击沛公于坐，杀之。不者，若属皆且为所虏。"庄则入为寿。寿毕，曰："君王与沛公饮，军中无以为乐，请以剑舞。"项王曰："诺。"项庄拔剑起舞，项伯亦拔剑起舞，常以身翼蔽沛公，庄不得击。

于是张良至军门见樊哙。樊哙曰："今日之事何如？"良曰："甚急！今者项庄拔剑舞，其意常在沛公也。"哙曰："此迫矣！臣请入，与之同命。"哙即带剑拥盾入军门。交戟之卫士欲止不内，樊哙侧其盾以撞，卫士仆地，哙遂入，披帷西向立，瞋目视项王，头发上指，目眦尽裂。项王按剑而跽曰："客何为者？"张良曰："沛公之参乘樊哙者也。"项王曰："壮士！赐之卮酒。"则与斗卮酒。哙拜谢，起，立而饮之。项王曰："赐之彘肩。"则与一生彘肩。樊哙覆其盾于地，加彘肩上，拔剑切而啖之。项王曰："壮士！能复饮乎？"樊哙曰："臣死且不避，卮酒安足辞！夫秦王有虎狼之心，杀人如不能举，刑人如恐不胜，天下皆叛之。怀王与诸将约曰：'先破秦入咸阳者王之。'今沛公先破秦入咸阳，毫毛不敢有所近，封闭宫室，还军霸上，以待大王来。故遣将守关者，备他盗出入与非常也。劳苦而功高如此，未有封侯之赏，而听细说，欲诛有功之人，此亡秦之续耳。窃为大王不取也！"项王未有以应，曰："坐。"樊哙从良坐。

坐须臾，沛公起如厕，因招樊哙出。沛公已出，项王使都尉陈平召沛公。沛公曰："今者出，未辞也，为之奈何？"樊哙曰："大行不顾细谨，大礼不辞小让。如今人方为刀俎，我为鱼肉，何辞为？"于是遂去。乃令张良留谢。良问曰："大王来何操？"曰："我持白璧一双，欲献项王，玉斗一双，欲与亚父。会其怒，不敢献。公为我献之。"[1]

---

[1] 〔汉〕司马迁：《史记》，中华书局2006年版。

第五篇

福克斯的谈判心理学

艾莉卡·爱瑞儿·福克斯（Erica Ariel Fox）是国际著名谈判专家，哈佛法学院协商谈判课程教授，莫比乌斯管理领导能力顾问公司联合创始人，麦肯锡领导力发展课程资深顾问。

当我们为自己在谈判桌上不尽如人意的表现复盘时，福克斯教授在《哈佛谈判心理学》中告诉我们，任何一个谈判者，哪怕是谈判专家都会有这样的反应，这便是福克斯所说的表现落差。

在福克斯教授看来，任何一场谈判，即便是做了充分的准备，最终复盘的时候，每一个谈判者都会有一种表现不尽如人意的感觉。为什么呢？大多数人心里明白自己应该怎么说（理想反应）。但是，大多数人在谈判桌上又没有这么说（现实反应）。

这种落差并非源于个人能力的不足，而是源于个人的自我局限。如果要突破这种局限，首先要认识到自我认知的偏差，找到自己内心的角色定位。

每一次谈判都需要经过反复演练，找到对方的弱点，发现自己的漏洞，预想各种可能发生的场景，以便做到百战不殆。当然，我们都知道这是一种理想状态。因为，你永远无法预料你的CEO在谈判中会作出什么不恰当的允诺让谈判功亏一篑，你永远都无法掌控遇到不可理喻的谈判对手后是否会作出过激行为。

福克斯教授认为设定愿景和人际评价的体系并不能真正激发个人内心的能量，也就无法将现实反应转化为理想反应。他认为，应从愿景、人际、分析、执行四个维度对谈判进行考量（表3）。

表3 考量谈判的四个维度

考量维度	内　容
愿　景	设定预期 激励他人 创新与创造 激情与使命
人　际	沟通与影响 团队合作 情　商 指导他人
分　析	风险管理 优质决策 关键业绩指标（KPI）与投资回报（ROI） 服从性
执　行	责　任 关注结果 项目管理 运营效率

为此，福克斯教授认为谈判者的自我认知出现偏差，是因为谈判者常常忽视了自己内心的力量。人的内心装着四大角色的映像，即梦想家、思想者、恋人、勇士，他们经常由自己内心驱动且会互换角色，但是经过长期的训练或者历练会形成某一个固定的角

色，形成自我认知。

一、谈判者内心的四大角色

按照福克斯教授的理论，每个谈判者内心都会藏着四大角色——梦想家、思想者、恋人和勇士（表4）。四大角色没有孰优孰劣的区别，只是在不同的场景或者心境下发挥不同的作用，每一个谈判者要善于激发四大角色的优势，把控好角色分配。

表4 谈判者内心的四大角色及优势

角　色	优　势
梦想家	构筑愿景 敢于追求梦想 感知前行方向
思想者	运用事实与逻辑 考虑后果 全方位观察
恋　人	借助情感发展关系 与他人协作 建立并维持信任
勇　士	说出事实 坚持立场 采取行动

梦想家最突出的优势是知道自己要什么或者不要什么，内心充满了创造力。在谈判场合，梦想家往往具有强大的气场和场控能力，谈判的立意很高，战略意图明确，给出明确的谈判信号，谈判无论成败都会给人一种敬畏的感觉。在商务谈判中，很多CEO主要体现出其梦想家的角色定位。

思想者一般都是学识渊博、技艺超群的专家型谈判高手，他们往往用科学说话，用数据说话，用专业说话。在谈判中一般是律师、行业专家或者公司的财务总监或者技术总监，能够根据梦想家构建的蓝图迅速制订具体问题的解决方案。

恋人按照东方关系学的理论就是我们说的唱红脸的人，可以是顾问，也可以是公司的营销总监。恋人总是和每个人都很融洽，能够快速建立双方的感情，有一种自来熟的感觉，他可以通过谈判的细节迅速和对方建立某种关系，并以此建立彼此的信任。

勇士按照东方关系学的理论属于唱黑脸的，最突出的特点是行动力强，知道自己要做什么和不做什么，他们一般是公司的业务骨干或者总监，做任何事情都会规划得井井有条。

福克斯教授把谈判者的四大角色比喻为：同样面对一片玫瑰，梦想家会说，"看，前面有个大花园，开满了娇鲜欲滴的玫瑰"；思想者会说，"你要不眠不休疾步前行25小时，才能看到那片玫瑰，过了花期，她就凋零了"；恋人会说，"亲爱的，我懂你的疲惫，来，跟我好好说说"；勇士会说，"跑起来，为了那娇艳的玫瑰"。

总之，当你的内心是梦想家的时候，你想的是如何规划蓝图；当你的内心是思想者的时候，你会思考当下；当你的内心是恋人的时候，你会想着如何借助外力；当你的内心是勇士的时候，你会想着如何行动。

二、谈判桌上的三大促变者

福克斯教授认为在谈判桌上，谈判者的四大角色的团队配合或者自我转换，还需要三大促变者的配合，即守望者、船长和旅行者。

守望者往往是秘书的角色，但是他始终在观察谈判者的四大角色，适时发出信号，防止谈判偏离计划或者出现差错。

作为主谈人的船长要通过守望者接收谈判过程中形成的共识或者谈判前做好的计划，运用自身的在场感观察周围的环境、内心的价值观和智慧，决定采取何种措施应对。

旅行者往往是调节谈判进程或者缓解谈判气氛的人，他是主谈人的重要搭档，在谈判中可以随时打掩护，打配合，他是公司2号人物或者3号人物。

第六篇

斯图尔特·戴蒙德的谈判准则

斯图尔特·戴蒙德（Stuart Diamond）是国际著名谈判专家，拥有哈佛大学法学博士学位、沃顿商学院工商管理硕士学位。他将自己的谈判经验写成颇受谈判人士欢迎的《沃顿商学院最受欢迎的谈判课》[1]。

在斯图尔特·戴蒙德教授看来，谈判是一门需要长期修炼的人生艺术，虽然谈判是为了达成合作，但是谈判者和谈判团队的选择对达成合作又起着至关重要的作用。因此，一个优秀的谈判专家绝不会把谈判

---

[1] [美]斯图尔特·戴蒙德：《沃顿商学院最受欢迎的谈判课》，杨晓红译，中信出版社2012年版。

看作单纯的利益争夺，优秀的谈判专家会推动谈判进程，通过谈判影响对手，引导谈判对方作出与自己一致的选择。

根据斯图尔特·戴蒙德教授的研究，与优秀谈判者相比，普通谈判者责怪对方的频率是前者的 3 倍多，能想到的具有创造性的谈判策略数量是前者的一半，用于寻找双方共同点的时间不到前者的 1/3，与对方共享的信息量远远少于前者，对长远利益所做的评述次数是前者的一半，作出无端评价从而激怒对方的次数是前者的 4 倍。

为此，斯图尔特·戴蒙德教授用表格展示了优秀谈判者和普通谈判者在不同情境下的不同表现（表 5）。

表 5　优秀谈判者和普通谈判者的对比

谈判中的行为	优秀谈判者 /%	普通谈判者 /%
自我吹嘘，暗示不公平	2.3	10.8
干扰每一问题的策略选择项	5.1	2.6
指　责	1.9	6.3
信息共享	12.1	7.8
"长远性"评述	8.5	4.0
"共同点"评述	38.0	11.0

一、谈判的四个层次

斯图尔特·戴蒙德教授将谈判分为四个层次，层次越高，谈判的境界越高。

第一层次：迫使对方按照我方的意愿行事

第一层次的谈判是一种典型的强势谈判。这种谈判的逻辑就是一方已经准备好了合同，就等对方看完后签署。在商务活动中，此种谈判主要存在于垄断领域。阿里巴巴要求入驻平台商户只能二选一的谈判便是此种层次的谈判。因此，在垄断领域，垄断者和围绕垄断者做生意的谈判者多数情况下是城下之盟，垄断者吃肉喝汤，其他方只能吃一点渣渣。

第二层次：让对方按照我方的思路思考

第二层次的谈判是一种影响力谈判。鸿门宴中刘邦团队就是用这种方式让楚霸王项羽最终放弃了杀刘邦的想法。商务谈判中，谈判者往往事先做了充分的准备，有自己个性鲜明的谈判风格。但是，优秀的谈判者总是可以先入为主，抢占谈判的主动权，让整个谈判都围绕自己设定的线路推进，或避实就虚，或以小博大。

第三层次：让对方理解我方想让他们理解的观念

这种谈判，首先要理解对方，各为其主，天经地义。一定要站在对方的角度用语言表达出来，让对方觉得你非常善解人意，理解对方所处的境况。然后通过反客为主的方式，让对方也设身处地理解我方的观点。

第四层次：让对方感受到我方想让他们感受的

这是一种设身处地的感受，比如在主场谈判中，让对方实实在在地感受到我方的诚意，我方的实力，我方的格局。这种感受要在谈判过程中以无微不至的关怀和细节安排体现出来。想要达到该层级的效果完全需要依靠自我实施，谈判者需要深入了解对方的情感世界和非理性状态。

二、谈判的十二条策略

斯图尔特·戴蒙德教授的研究表明，在促使谈判双方达成协议的关键要素中，专业知识所起的作用大约占8%，谈判流程所起的作用大约占37%，人在其中所起的作用大约占55%。因此，要想达到谈判的预期目标，必须了解谈判桌上的每一个人，他们的性格、谈判风格、背景对谈判都至关重要。

策略一：目标至上

明确谈判目标是谈判的第一步，谈判的终极目的就是达成想要的目标。谈判中的一切行为都是为了接近自己的目标。

斯图尔特·戴蒙德教授的研究表明，仅靠确立目标这一举动，谈判者的表现可以提升25%以上。谈判中新消息不断，谈判者往往很容易分心，所以谈判者要把目标写下来，随时提醒自己不可偏离目标；如果对方偏离既定目标，也要及时提醒。

策略二：重视对手

在任何谈判场合，都不要轻视对手，哪怕对方只是一个"菜鸟"。重视对手，是让对手觉得我们很在意他们，也很尊重他们，给足了他们面子，让对手觉得我们的方案充分考虑了他们的感受。

策略三：进行情感投资

1. 避免情绪化

我们常常说，能调控情绪的人，才能控制自己的人生。一个人，如果连自己的情绪都控制不了，即便给你整个世界，你也早晚毁掉一切。因此，谈判场合，禁忌感情用事，禁忌现场失态。

2. 做好情感补偿

既然谈判都是由具体的人负责的，而人又是有感情的，因此，在谈判过程中，适当关注对方的情绪变化，适时安排一些让对方感到温馨或者舒服的情感补充是非常必要的。如安排一个生日会，或者一起听一场音乐会，邀请一起参观当地的人文景观，等等。

策略四：认识多变的谈判形势

谈判过程中，经常会遇到不可控的意外事件，如竞争对手的加入或者谈判代表的突然变化等。作为谈判者要随时能够观察或者预测这种变化，避免失去谈判的主导权。

策略五：谨守循序渐进原则

要想在谈判中取得理想的效果，就要遵循循序渐进的原则，越想要的东西，越要沉得住气。每次只谈一个问题，解决完一个问题再进行下一个问题是谈判最基本的原则之一。

策略六：用不等价之物交易

1. 交易原理

谈判的本质就是各取所需。你想要的东西或许在对方眼里并不是那么重要或者是相对容易的事，反之亦然。

2. 获取对方需求信息

在任何一场谈判开场之前，应当准确地获知对方在本次谈判中最想要的是什么？

策略七：利用对方准则

1. 利用准则

如果谈判没有严格的时间表，没有严格的谈判程序或者谈判规则，就会因为主谈人的个性或者某个谈判专家的个性而偏离预定的目标。因此必须明确一次只谈一个问题的原则。谈好的问题，不要轻易再回到原点。

2. 制订准则

严格的会议流程、严格的时间限制、严格的会议记录和严格的阶段性成果确定都是谈判中应当确定的准则。

3. 直接指出对方的不当行为

打破谈判僵局的有效办法必然包括直接指出对方的不当行为。

策略八：坦诚相对，谨守道德

谈判中，最忌讳的是不够坦诚，隐瞒真相只能让双方好不容易构建起的信任基础坍塌。

1. 信任

正如编撰《战国策》的汉文学家刘向所言，"一言而适，可能却敌，一言而得，可以保国"。诚信对谈判的重要性不言而喻。鲁迅先生讲，"伟大人格的素质，重要的是一个诚字"。因此，每一个谈判者在整个谈判过程中始终要遵循以诚为本。

2. 真诚地尊重对方

谈判桌上，没有高低贵贱之分。应给予每一个人充分的尊重。只有真诚地对待每一个人，让他们感受到自己被尊重或者获得认可是谈判的基本准则。

策略九：始终重视沟通和表达

谈判出现僵局、分歧或者差异很正常，但是如何化解，靠的是多沟通。一次不行，两次；两次不行，三次。只要沟通的渠道还在，沟通就可以一直进行下去。

1. 缩小认知差距

要保证双方对同一语句理解相同，就需要检查双方的具体表述，看意思是否一致。问谈判团队以下问题：

（1）我方的诉求是什么？

（2）对方的诉求是什么？

（3）是否存在诉求不一致的情况？

（4）如果是，原因是什么？

谈判者要理解双方所持的偏见，让对方明确表达出他们的观点，最后再来解释自己的观点。

2. 交流并消除隔阂

不沟通就得不到信息，要确保有效沟通。威胁或责怪对方，只会使对方作出相同的回应。

策略十：找到真正的问题所在

谈判中，始终坚持目标导向，找到双方真正的分歧所在，不要纠结于细枝末节。

策略十一：接受双方的差异

求同存异是谈判者可以坐下来谈判的基础。当在谈判中感觉双方差异太多想要放弃时，需要冷静思考，双方为什么会产生如此大的差异，有没有什么办法可以使差异变小。

策略十二：列一份清单，并不断练习

将谈判中可能需要讨论的问题列一个清单，这份清单应当与谈判目标一致。

三、谈判的六条技巧

斯图尔特·戴蒙德教授认为，商业谈判过程中经常会出现这样的场景，一些谈判者天生伶牙俐齿，在谈判桌上无往不胜，对手方对他言听计从。实际上所有成功的谈判者都是练出来的，没有人天生就是谈判专家，为此，他总结了六条谈判技巧：

第一条：沉着冷静，避免情绪化

冲动是魔鬼，一个人在非冷静状态下往往会作出不理智的决定，能控制住自己的情绪，会让整个谈判平和有效地进行，避免冲动抉择。

第二章 法律谈判的道与术

第二条：准备充分，有备无患

任何一场成功谈判的背后，都承载着大量前期准备工作，主谈人要做充足的准备，哪怕只有 5 秒钟，也可以整理一下谈判思路或整理一下衣物饰品。

第三条：找出决策者

不要浪费时间和不能做决定的人讨论谈判的关键问题，因为他无法实质性地推动谈判进展，也无权改变谈判结果。一些简单的问题，比如"在这个决策上，谁能帮到您？""讨论这个问题的话，还有谁您觉得我们该邀请一下？""还有哪位我们如果没有问询到，会显得不尊重？""这项审批大约需要多久？"等，可以有效帮助我们发现真正的决策者。

第四条：专注目标

谈论目标的频率越高，越能记住目标，并会为达成目标而行动。

第五条：进行人际沟通

主谈人应当在任何谈判中注重良好人际沟通关系的建立。

第六条：重视对手

不可否认，尊重谈判对手，承认对方的地位和权利，对方通常会尽可能帮助你实现目标。

谈判结束后，任何一方谈判团队需要及时进行复盘，反复消化遇到的困难，分析更好的谈判策略，比如可以从以下几点进行评估：双方之间的沟通效果如何；双方是否有沟通；双方之间是否了解、理解、考虑到了彼此的感受；双方采取的措施是强迫对方还是与之合作；双方就历史问题指责对方，还是为了长远发展尊重对方；应该由什么样的谈判者来传递这个信息；双方是否在坦诚交流并交换彼此的需求；双方是采取循序渐进的行动还是想一蹴而就；双方所采取的行动是否有助于实现目标；双方管理情绪的水平有多高；双方是否努力保持冷静；双方是否利用彼此的准则来达成一项决议；是否有一个尊重差异的问题解决方式；等等。

第七篇

谈判者的性格类型与托马斯解决冲突二维模式

《孙子兵法》曰:"知彼知己者,百战不殆。"知彼知己的过程必然是一个了解谈判者性格的过程。任何一场谈判,都会有一个似曾相识或者重新认识彼此的过程。谈判专家便是通过彼此性格、风格磨合,统筹谈判的进程和策略。

一、托马斯-吉尔曼冲突模式

托马斯-吉尔曼冲突模式测试是与迈尔斯-布里格斯类型指标(MBTI)、九型人格、DISC性格测试

（DISC Assessment）、赫曼脑力优势量表（Herrmann Brain Dominance Instrument）等相类似的一种性格测试方法，该测试被广泛地应用于选拔人才、训练高管、组建团队、化解矛盾和商业谈判。

托马斯－吉尔曼冲突模式测试包含30道题，可以快速测试出测试者在谈判中的行事风格。

托马斯－吉尔曼冲突模式测试将谈判者分为5种类型（表6）。

表6　托马斯－吉尔曼冲突模式包含的类型及特征

类　型	特　　征
竞争型	施加压力大；使用最后通牒，制裁；很少向别人提供帮助
合作型	表示关切；信任；提供帮助；提出新的选择方案
折中型	做事折中；寻找交换条件；有时会向别人提供帮助
回避型	消极抵制；不会向别人提供帮助；找借口；经常改变谈话主题
迎合型	满足对方的渴望和需求；保持和谐气氛；避免伤害对方感情，十分愿意帮助别人

通过托马斯－吉尔曼冲突模式性格分析，所有参加谈判的人都希望对方是合作型。但是，我们很多时候面对的是谈判对方的一个团队，这个团队中既有合作型的也有竞争型、折中型、回避型、迎合型的谈判人员，因此，我们必须快速找出对方谈判人员中哪些是合作型的，我们应当通过引导让对方合作型的人多谈谈他的想法。

对于竞争型谈判对手，我们要避其锋芒，充分关注和尊重他。但是，尽量不要和他纠缠某个争议点，当出现谈判僵局时，应当果断搁置争议，在对方合作型谈判代表或迎合型谈判代表中寻找突破口。

二、托马斯解决冲突二维模式

托马斯解决冲突二维模式（图6）又称 AC 模型，是一个基于托马斯－吉尔曼冲突模式测试的分析工具，我们通过十字工具分析方法按照强硬程度和合作程度在二维关系中对托马斯－吉尔曼冲突模式中的五类谈判人员进行量化分析，找到谈判过程中合作程度高、强硬度低的谈判者，寻求解决问题的方案。

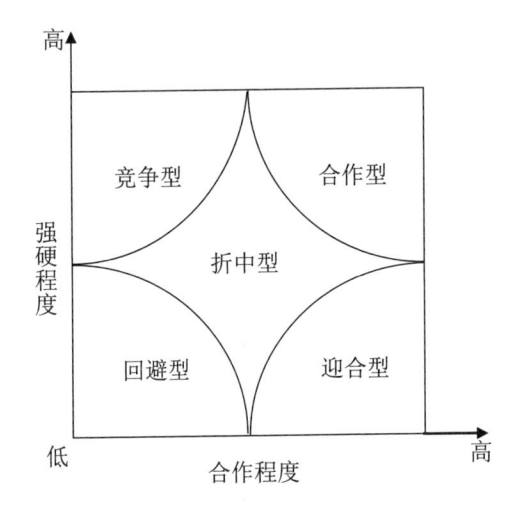

图 6　托马斯解决冲突二维模式

第八篇

谈判的 APRAM 模式

谈判有大有小，而商务谈判在很多情况下是一项非常复杂的系统工程，正式的商务谈判往往需要在谈判前做很多评估工作。比如大型项目的合作，此类谈判涉及一系列战略合作框架协议以及具体项目合同的签订。因此，商务谈判中常常需要用到APRAM（Appraisal，Plan，Relationship，Agreement，Maintenance）统筹方法。

一、评估（Appraisal）

对于大型项目的商业合作谈判，充分的事先评估是必不可少的。评估分三个方面：一是对自身的评估，有无实力或者有无能力接这个活儿，所谓"没有金刚钻，不揽瓷器活"是基本前提；二是对合同谈判对方的评估，对方承担这个项目的能力或实力如何，双方在资源和合作层面是否匹配；三是项目本身的评估，项目本身是否具有潜在的市场机会或者是否存在潜在的风险。

为此，我们需要做好企业谈判需求的评估，据此明确我们的谈判目标和谈判底线。但是，无论如何，谈判底线是绝密事项，不到最后一刻不应当让谈判团队知悉决策者的最后底线。

第一，统筹分析谈判双方出席会议人员的背景，了解我方谈判过程中的各项支持，尤其是技术支持和数据支持。任何谈判最终都要围绕业务展开，准确的财务测算有利于谈判团队准确掌握谈判的底线。

第二，明确项目总体安排，包括谈判的时间、进度、人员安排、谈判的总体规划等。

第三，完成授权。参与谈判的人员在整个谈判过程的权限大小对谈判至关重要，谈判者首先要有明确的授权才能游刃有余地开展目标谈判。

第四，谈判预演应当完全按照正式的谈判流程进行，把可能遇到的问题都预演一遍，找到解决问题的多维答案。

二、计划（Plan）

《礼记·中庸》曰："凡事豫则立，不豫则废。言前定则不跲，事前定则不困，行前定则不疚，道前定则不穷。"[1]在商业谈判中，所谓的预就是要求谈判者在谈判前设计好基本蓝图。就像马克思说的："蜜蜂建造蜂房的本领使人间的许多建筑师感到惭愧。但最蹩脚的建筑师从一开始就比最灵巧的蜜蜂高明的地方，是他在用蜂蜡建筑蜂房以前已经在自己的头脑中把它建成了。"[2]优秀的谈判者不仅有目标明确的谈判蓝图，甚至有谈判僵局的预警方案。

---

[1]《礼记》，胡平生、张萌译注，中华书局 2017 年版。
[2]［德］马克思：《资本论》，郭大力、王亚南译，上海三联书店 2009 年版。

三、关系（Relationship）

20世纪70年代，中美建交的谈判可谓对整个世界和平和中美关系产生深远的影响。其中，周恩来和基辛格两位世界级外交家的关系，或者说中国的老朋友基辛格对中美关系的建立和维持至关重要。可见重要的谈判必须有重要人物的斡旋，他们有的时候可以力挽狂澜，甚至反败为胜。中国历史上，刘邦能在鸿门宴中化险为夷，很重要的原因在于张良和项羽团队中的项伯具有良好关系。

四、协议（Agreement）

任何谈判，最终的目标是达成协议。因此，好的谈判团队一定事先已经准备好了一种或者若干种预期结果的协议文本，而且为了这个协议准备了详细的执行计划和时间表，同时落实谈判执行人。

五、维持（Maintenance）

任何谈判成果都需要一个良好的执行团队予以维

护，良好的关系维护是开启下一轮谈判和合作的前提。谈判各方一旦签订合同，应当按约定全面履行义务。这既是对谈判的尊重，也是对契约精神的尊重。

第九篇

谈判礼仪

英语中"礼仪"一词源于法语"Etiquette"[1],形成于16世纪,原意是"法庭上的通行证",记载着当时人们进入法庭时应当遵守的事项。

---

[1] Merriam Webster: One definition of the French word étiquette is "ticket" or "label attached to something for identification". In 16th-century Spain, the French word was borrowed (and altered to "etiqueta") to refer to the written protocols describing orders of precedence and behavior demanded of those who appeared in court. Eventually, "etiqueta" came to be applied to the court ceremonies themselves as well as the documents which outlined the requirements for them. Interestingly, this then led to French speakers of the time attributing the second sense of "proper behavior" to their "étiquette", and in the middle of the 18th century English speakers finally adopted both the word and the second meaning from the French.

第二章　法律谈判的道与术

英美法系国家的法庭布置得庄重典雅，法官身着黑色或红色的法袍，有的还戴着精致的假发或者帽子，审判席和原被告席形成明显的高低落差，处处显示着法庭的威严。法官普遍年龄偏大，一双炯炯有神的眼睛闪烁着慈祥睿智的光芒，身边堆放着厚厚的法典。法庭鸦雀无声，无论当事人还是旁听者，都怀着仰慕和崇拜之心，注视着法官的举动，聆听着法官的声音。

《论语·季氏篇第十六》记载了孔子教育儿子孔鲤学诗和礼的典故。

陈亢问于伯鱼曰："子亦有异闻乎？"对曰："未也。尝独立，鲤趋而过庭，曰：'学《诗》乎？'对曰：'未也。''不学《诗》，无以言。'鲤退而学《诗》。他日，又独立，鲤趋而过庭，曰：'学《礼》乎？'对曰：'未也。''不学《礼》，无以立。'鲤退而学《礼》。闻斯二者。"陈亢退而喜曰："问一得三，闻《诗》，闻《礼》，又闻君子之远其子也。"[1]

---

[1]《论语》，张燕婴译注，中华书局2006年版。

孔子认为"不学诗，无以言；不学礼，无以立"。作为礼仪之邦的中国，在谈判中最注重的就是礼仪。良好的礼仪是谈判成功的关键。

一、开场白的礼仪

主场主谈人上来先问对方主谈人"一切都好吗"。无论是什么级别的谈判，对人的关怀和尊重优先于谈判，所谓买卖不成仁义在，就是这个道理。一句简单的问候，至少产生了以下几个作用。

第一，礼多人不怪，礼节周全，能给对方留下良好的初步印象。

第二，向客场谈判人释放主场主谈人的人文情怀，营造轻松的谈判氛围。

第三，可以通过这样的问候，观察对方对本次谈判的安排是否满意，观察对方主谈人的情绪变化等。

第四，有利于构建双方谈判代表的私人关系。

二、谈判座次礼仪

作为谈判的主场一方，应当按照商业惯例做好

第二章　法律谈判的道与术

整个谈判的统筹安排，尤其是正式谈判的主客座次。不同类型的会议室应当按照图示方式（图7、图8、图9、图10）安排主客场谈判代表的座次。

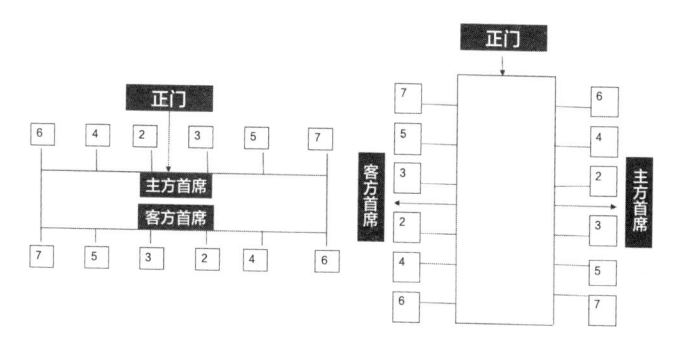

图7　长方形桌的座次安排

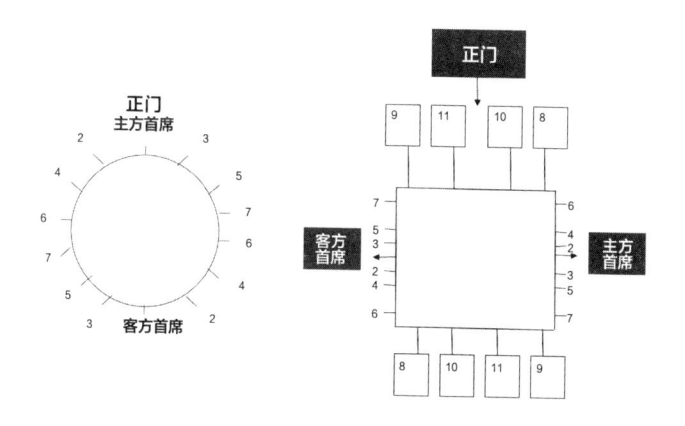

图8　圆桌及方桌的座次安排

第九篇　谈判礼仪　　105

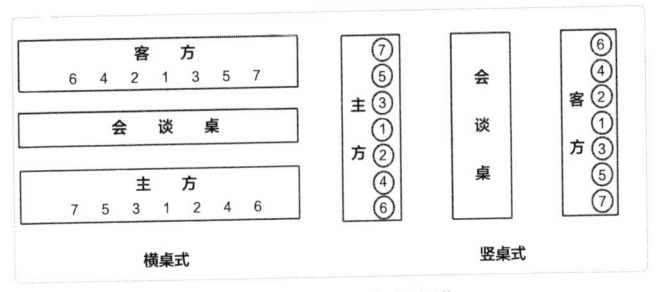

图 9　谈判会场座次安排

图 10　签约会场座次安排

三、谈判中的提问礼仪

1. 运用苏格拉底式助产术提问。苏格拉底的提问方式是通过提问获得己方想要的答案,即"我自知无知"。通过连续提问,让对方在持续的回答中获得问题的答案。

2. 一次问一个问题,可以用苏格拉底式持续提问。

3. 提问结束时,留几秒停顿时间,保持泰然自若,让对方有时间思考,提升谈判的质量。

4. 问完问题,立即聆听,保持眼神接触,点头表示赞同;耐心听,尽量不要打断对方说话。

5. 提问后要有反馈,并答谢。

6. 探求式提问,比如,对于双方的合作方案你方还有其他意见吗?

7. 谈心式提问,比如,新冠肺炎疫情对贵司复工复产产生了重大影响,我们充分理解,我们考虑给贵司2个月的宽限期,贵司看可以吗?

8. 沉思式提问,比如,中美贸易战对我们的合作产生了非常大的影响,自主创新是我们唯一的出路,请问贵方在技术创新上有哪些支持?

9. 查究式提问,比如,贵方技术存在漏洞的解决方案是什么?

第十篇

谈判风格

乔布斯在一次记者采访中说:"我特别喜欢和聪明人交往,因为不用考虑他们的尊严。"采访者问:"聪明人没有尊严吗?"乔布斯补充说:"不,聪明人更关注自己的成长,时刻保持开放的心态,而不是捍卫'面子',不是想方设法证明'我没错'。"

因此,在任何商业谈判的场合,都应当找到那个最聪明的人,了解他的谈判风格,不管他天南地北哪里人。

在错综复杂的市场环境中,不同背景的创业者,在不同行业、不同地域成长起来的企业,其谈判风格差异也非常大。

所谓入乡随俗,是商务谈判的第一要义。因此,在中国做生意,地要分南北,人要分背景。掌握了南北的文化差异,也就掌握了谈判的钥匙。

所谓一方水土养一方人,靠山吃山,靠水吃水。你不了解对方的文化习俗、创业背景、生长背景,何谈谈判走入人家的内心世界呢。

一般而言,北方人多为人豪爽,但管理粗放,多以社会关系和朋友关系为原点,不可否认,他们这种社会关系或者朋友关系多数情况下只是吹吹牛而已,不可全当真。

南方人多为人严谨,细致,管理规范,讲究利益,诚信和合规是其经商之本,缺点是分毫必争,有时候过于精明,缺少人情世故。

南方人多喜欢喝茶,因此,和南方人交朋友就像喝茶一样,时间长了才能真正体会到朋友的价值。因此,和南方人谈判,不能一蹴而就,而应像喝茶一样,讲究细水长流。

北方人多喜欢喝酒,喜欢直来直去,喜欢在酒桌上把在谈判桌上未达成的协议通过一场痛快淋漓的酒局解决,所谓没有什么艰难的谈判是一桌酒局解决不了的。

财富的一半来自合同,合同的一半来自酒桌。这话虽然有些夸张,但是,现实中喝酒是一种传统文化,没有好坏之分,所谓东北虎,西北狼,不如江南的小绵羊。所以,喝酒也要入乡随俗,做到知彼知己,百战不殆。

因此,任何谈判都要讲因地制宜,今天的商场,江浙人、潮汕人、福建人做生意讲究抱团,相互照应,做产业链,因此他们的商会做得比其他地方都好。上海人喜欢讲规矩,北京人喜欢讲关系,湖南人惟楚有才,陕西人地底下埋皇帝,四川人的火锅,贵州人的酸菜鱼,河南人的烩面,任何经商之道,总能够找到文化的切入点。学会让文化成为谈判的敲门砖是每一位谈判者必不可少的一堂课。

我们研究近代以来南北文化差异下的十大商帮,亦能从其兴衰中得出谈判之道。十大商帮中,北方只有山西商帮、陕西商帮、山东商帮,其他七大商帮都在南方，它们分别是徽州商帮、福建商帮、苏州洞庭商帮、广东商帮、江右商帮、宁波商帮和龙游商帮。发展到今天，十大商帮中最为鼎盛的当属东部沿海地区的商帮。

第十一篇

合同谈判

财富的一半来自合同，合同的一半来自谈判。

市场经济的本质是契约经济。因此，契约或者契约精神为我们创造财富提供了法律支持。人是经济性的，因此，需要通过谈判获得我们想要的契约和利益。

合同是所有谈判的终极目标。当我们将谈判成果用合同固定下来的那一刻，也是我们打开香槟庆祝的时刻。

因此，一场重要的谈判，一定需要一个熟悉公司业务及商事法律的专家，这个法律专家应当是一家律所的资深律师,他的法律功底深厚,他在非诉领域经验丰富,他知道如何将谈判中确认的商务条款转化为合同条款,而且能够让对方以一种认可我方律师专业、公正的方式愉快地接受。

合同谈判中,专业律师或者说产业律师,对推进双方谈判进程,化解谈判僵局或者解决争议焦点有着不可替代的作用。

英国著名哲学家弗朗西斯·培根在《谈判论》中写道:"与人谋事,得须知其习性,以引导之;明其目的,以劝诱之;谙其弱点,以威吓之;察其优势,以钳制之。与狡猾之人谋事,唯一刻不忘其所图,方能知其所言;说话宜少,且须出其最不当意之际。于一切艰难的谈判之中,不可存一蹴而就之想,唯徐而图之,以待瓜熟蒂落。"[1] 这既是对谈判者的要求,也是对商业谈判过程中律师的要求。因此,任何一场重要的商务谈判,我们必须时刻铭记以下几个关键点:

---

[1] [英]培根:《培根随笔全集》,蒲隆译,译林出版社2011年版。

1. 邀请什么样的律师参与谈判

首先，在正式的合同谈判中，参与律师应当是精通公司业务且精通商事规则的资深律师。

律师参与谈判，其第一要义是促成谈判双方的交易，而不能因为风险太大而不敢越雷池一步。任何商业合作都有风险，因此，律师的作用是给出最佳的解决方案，找到谈判各方的合作点。所以，一般地，商业谈判应当优先选择精通商事合同和商事业务的资深律师参加，对于熟悉公司业务或者产业的律师来讲，更容易促成公司合同的谈判。

2. 律师是否可以为我们的谈判提供对手的合规评估意见

合规是企业生存和发展的生命线。没有一个商业主体愿意和不诚信的企业做生意，也没有任何一个商业主体愿意和合规有重大风险的企业做生意。因此，律师作为企业的合规专项法律顾问，在参与企业的商业谈判过程中，亦应当为企业甄别谈判对方是否有重大合规风险。

律师在协助企业展开商务谈判之前，应当通过国家企业信用信息公示系统和中国裁判文书网等检索工具，初步判断对方在商业经营过程中是否存在重大风险，该等风险包括刑事合规风险、行业监管合规风险、诉讼仲裁合规风险、知识产权合规风险、诚信履约合规风险等。

3. 律师是否应该为我们争取合同起草权

在商务谈判中，到底由哪一方来起草合同？一般地，在合同谈判各方都有专业律师参与的情况下，双方谁起草没有太大区别，但是，我们都知道掌握主动权对于签订一份有利于自身权益的合同来说是十分重要的。

虽然最终的合同是在谈判各方已经明确的会议纪要的基础上起草，但是，会议纪要仅仅是谈判各方就所关心的商务和技术条款达成的框架性或者原则性记载，这些条款和各方最终签署的合同还有很多细节上的差别。作为公司的专项律师，必须在细微之处帮助企业将合规风险降到最低。因此,对于争取到合同起草权的一方来说,虽然增加了工作量,但是,这种主动权能够降低企业风险。

第十二篇

古人谈判的智慧——评《韩非子·说难》

《史记·老子韩非列传》评价《韩非子·说难》："然韩非知说之难，为说难书甚具，终死於秦，不能自脱。"

韩非子作为法家三圣之一，虽然有点口吃，但擅长说辞。因此写下了著名的《说难》。但是，韩非子最后却因为擅长游说而死于秦国，让人不得不感叹命运的戏剧性。

韩非子在写《说难》之前，他的前辈张仪、苏秦都曾是游说界的执牛耳者，可谓"一怒而诸侯惧，安居而天下熄"。尤其是苏秦，凭借三寸不烂之舌直达

"使我有洛阳二顷田,安能佩六国相印"的人生高度。

但是,总会有人在同样一件事情上,在不同时间、不同场景却表现出完全不一样的态度,因此,我们必须审时度势,在谈判中要预测各种可能发生的情景,不可锋芒毕露。

韩非子·说难[1]

凡说之难:非吾知之有以说之之难也,又非吾辩之能明吾意之难也,又非吾敢横失而能尽之难也。凡说之难:在知所说之心,可以吾说当之。所说出于为名高者也,而说之以厚利,则见下节而遇卑贱,必弃远矣。所说出于厚利者也,而说之以名高,则见无心而远事情,必不收矣。所说阴为厚利而显为名高者也,而说之以名高,则阳收其身而实疏之;说之以厚利,则阴用其言显弃其身矣。此不可不察也。

夫事以密成,语以泄败。未必弃身泄之也,而语及所匿之事,如此者身危。彼显有所出事,而乃以成

---

[1] 〔汉〕司马迁:《史记》,中华书局 2006 年版。

第二章 法律谈判的道与术

他故,说者不徒知所出而已矣,又知其所以为,如此者身危。规异事而当知者揣之外而得之,事泄于外,必以为己也,如此者身危。周泽未渥也,而语极知,说行而有功,则德忘;说不行而有败,则见疑,如此者身危。贵人有过端,而说者明言礼义以挑其恶,如此者身危。贵人或得计而欲自以为功,说者与知焉,如此者身危。强以其所不能为,止以其所不能已,如此者身危。故与之论大人,则以为间己矣;与之论细人,则以为卖重。论其所爱,则以为借资;论其所憎,则以为尝己也。径省其说,则以为不智而拙之;米盐博辩,则以为多而交之。略事陈意,则曰怯懦而不尽;虑事广肆,则曰草野而倨侮。此说之难,不可不知也。

凡说之务,在知饰所说之所矜而灭其所耻。彼有私急也,必以公义示而强之。其意有下也,然而不能已,说者因为之饰其美,而少其不为也。其心有高也,而实不能及,说者为之举其过而见其恶,而多其不行也。有欲矜以智能,则为之举异事之同类者,多为之地,使之资说于我,而佯不知也以资其智。欲内相存之言，则必以美名明之，而微见其合于私利也。欲陈危害之事，则显其毁诽而微见其合于私患也。誉异人与同行者，规异事与同计者。有与同污者，则必以大饰其无伤也；有与同败者，则必以明饰其无失也。彼自多其力，则毋以其难概之也；自勇之断，则无以其谪怒之；自智其计，则毋以其败穷之。大意无所拂悟，辞言无所系縻，然后极骋智辩焉。此道所得，亲近不疑而得尽辞也。伊尹为宰，百里奚为虏，皆所以干其上也。此二人者皆圣人也；然犹不能无役身以进加，如此其污也！今以吾言为宰虏，而可以听用而振世，此非能仕之所耻也。夫旷日离久，而周泽既渥，深计而不疑，引争而不罪，则明割利害以致其功，直指是非以饰其身，以此相持，此说之成也。

昔者郑武公欲伐胡，故先以其女妻胡君以娱其意。因问于群臣，"吾欲用兵，谁可伐者？"大夫关其思对曰："胡可伐。"武公怒而戮之，曰："胡，兄弟之国也。子言伐之何也？"胡君闻之，以郑为亲己，遂不备郑。郑人袭胡，取之。宋有富人，天雨，墙坏。其子曰："不筑，必将有盗。"其邻人之父亦云。暮而果大亡其财。其家甚智其子,而疑邻人之父。此二人说者皆当矣,厚者为戮,薄者见疑,则非知之难也,处知则难也。故绕朝之言当矣,其为圣人于晋,而为戮于秦也,此不可不察。

昔者弥子瑕有宠于卫君。卫国之法:窃驾君车者罪刖。弥子瑕母病,人间往夜告弥子,弥子矫驾君车以出。君闻而贤之,曰:"孝哉!为母之故忘其刖罪。"异日,与君游于果园,食桃而甘,不尽,以其半啖君。君曰:"爱我哉!忘其口味,以啖寡人。"及弥子色衰爱弛,得罪于君,君曰:"是固尝矫驾吾车,又尝啖我以余桃。"故弥子之行未变于初也,而以前之所以见贤而后获罪者,爱憎之变也。故有爱于主,则智当而加亲;有憎于主,则智不当见罪而加疏。故谏说谈论之士,不可不察爱憎之主而后说焉。

夫龙之为虫也,柔可狎而骑也;然其喉下有逆鳞径尺,若人有婴之者则必杀人。人主亦有逆鳞,说者能无婴人主之逆鳞,则几矣。

第十三篇

CEO 的危机劫——评英国石油公司漏油事件的危机管理

莎士比亚在《亨利四世》中写道："为王者无安宁。"（Uneasy lies the head that wears a crown）互联网时代，如果一家公司的 CEO 不具备处理危机的技能将是一件非常糟糕的事情。

阿里巴巴的马云关于金融监管的一番言论、格力的董明珠在股东大会的一番关于分红的言论、新东方的俞敏洪关于女性教育的言论、万达的王健林关于财富的言论等都曾给企业带来不少舆论压力，甚至监管的压力。

因此，有管理专家指出，要管住成功企业家们的嘴，不要让他们出去乱说话是企业危机管理的第一准则。

2010 年 4 月 20 日，英国石油公司（BP）在墨西哥湾租赁的钻井平台"深水地平线"发生爆炸，造成人类历史上规模最大的近海原油泄漏事故。

英国石油公司 CEO 托尼·海沃德把自己的傲慢表现得淋漓尽致。他亲手示范了一个 CEO 是如何将一场灾难变成两场灾难的，其公关能力直接给英国石油公司带来了一场史无前例的公共关系灾难。

2010 年 4 月底，面对漏油事件，海沃德对部下表示：我们究竟做了什么，要遭到这样的惩罚？

2010 年 5 月中旬，海沃德表示"这次灾难对环境的不良影响极为微小"，他"当然睡得着"。

2010 年 5 月底，海沃德来到路易斯安那州查看漏油现场，被问及感受时他表示"没有谁比我更想让这件事结束，我想要回我的生活"。

2010 年 6 月 4 日，在谈及如何处理媒体的不利报道时，海沃德表示："我是英国人，我不怕。"

2010年6月19日,海沃德出现在英国一个游艇大赛现场,美国参议员称之为"至高无上的愚蠢"。

人类已经无法阻挡海沃德亲手导演自毁前程的公共关系灾难。

达特茅斯大学塔克商学院企业传播学教授保罗·阿尔真蒂2014年4月在《哈佛商业评论》上发表的一篇文章《危机公关:高管不可不知的几件事》指出:

危机公关指南第一条:企业领导者应公开承认错误。

危机公关指南第二条:企业尽早并尽可能多跟外界进行沟通,尽快公布所有的情况。

危机公关指南第三条:企业高管需要通过媒体或其他渠道,尽可能有效、得体地从自己的立场叙述整件事情。

危机公关指南第四条:企业领导需要解释公司在将来会作出怎样的改变。

第十四篇

任正非先生的危机管理哲学

一、清晰的方向来自灰度

华为创始人任正非先生于 2009 年 1 月 15 日在全球市场工作会议上做了一场题为"开放、妥协与灰度"的讲话，讲话虽然很简短，但是第一次比较全面地阐述了任正非先生的管理哲学。开放、妥协与灰度三个词概括了任正非先生带领华为不忘初心、砥砺前行的处世哲学。任正非先生对商业的敏锐度、对国际关系的敏锐度可以说在这个时候已经非常高，他对来自以美国为首的西方国家对华为快速发展的担忧持审慎态度，始终以一种开放的姿态向世界讲好华为的故事，始终与美国等西方世界保持妥协和灰度，这种清晰的方向和战略，让华为保持了 10 年的高速发展。当今，我们处在百年未有的大变局中，中美贸易战、俄乌冲突、新冠肺炎疫情对每一个产业链的企业都产生了深远的影响，企业管理人需要学习任正非先生的开放、妥协与灰度哲学。无论是谈判还是处理危机，清晰的方向均来自灰度，谈判中要善于使用妥协，妥协是达成目标的不二之选，不能片面地认为妥协就是让步，有时候退一步才能海阔天空，才能得到最大收益。谈判中这种妥协就是要破除完美主义，完美主义者不适合做主谈人，这样的人容易纠缠细节而忽略了谈判的关键和核心。在我们传统文化中有一个成语叫"美中不足"，还有一个成语叫"尽善尽美"，美中不足和尽善尽美是我们追求的中庸之道，这和西方文明的断臂维纳斯有异曲同工之处。

谈判亦要讲因地制宜，谈判并非总是对等的，大多数情况下，谈判是不对等的，因此，要尊重事实，不要一味地追求对等而使谈判陷入僵局或者更加不利的局面。

二、战略是能力与目标相匹配

任正非先生对战略的认知是基于其创立了华为这样伟大的企业,在于其带领华为突破了一个又一个技术难关,当能力与目标相匹配时,才是战略落地之时。华为无疑是全球最成功的企业之一,任正非先生也是全球最成功的企业家之一,面对美国这样强大国家的制裁,他从一个埋头苦练内功、韬光养晦的企业家走向前台,以一种非常特殊的内部讲话方式向外界释放华为的善意和决心。华为的战略只有一个出口,那就是华为心声,就是任正非的内部讲话,华为即便是讲故事也是娓娓道来,而不是空喊口号。2019年5月15日,美国宣布将严格限制华为使用美国的技术、软件设计和制造半导体芯片,并将华为及其子公司列入出口管制的"实体名单"。2021年1月22日,任正非先生在华为心声社区发表了署名文章《星光不问赶路人》,这篇文章既是任正非的个人管理哲学提炼,也是华为团队处理危机的战略思想,华为的手要么不伸出去,要伸出去必须是一个拳头,而不是五根手指。

任正非先生对战略的定义是基于其处理美国对华为的封锁,能力与目标相匹配将战略的精髓和危机管理的运用提升到哲学高度,他对克劳塞维茨在《战争论》中的一句话"伟大的将军们,是在茫茫黑暗中,把自己的心拿出来点燃,用微光照亮队伍前行"有深刻的体会,所以他才说干企业就要像美军上将马丁·邓普西所说的,要让打胜仗的思想成为一种信仰,没有退路就是胜利之路。